经历危机依然强大

The secret of
Louis Vuitton
·
——路易·威登的秘密

［日］长泽伸也/著

万艳敏　孙攀河　姜志清　［日］寺崎新一郎/译

东华大学出版社
·上海·

图书在版编目（ＣＩＰ）数据

经历危机依然强大：路易·威登的秘密/（日）长泽伸也著；万
艳敏,孙攀河译．—上海：东华大学出版社，2016.6
ISBN 978-7-5669-1069-1

Ⅰ.①经… Ⅱ.①长… ②万… ③孙…Ⅲ.①皮革制品—工业企
业管理—研究—法国 Ⅳ.①F456.568

中国版本图书馆CIP数据核字（2016）第122438号

责任编辑：马文娟 李伟伟
封面设计：张 弛

经历危机依然强大——路易·威登的秘密

JINGLI WEIJI YIRAN QIANGDA —— LUYIWEIDENG DE MIMI

著 者：[日]长泽伸也
译 者：万艳敏 孙攀河 姜志清 [日]寺崎新一郎
出 版：东华大学出版社（上海市延安西路1882号，200051）
本 社 网 址：http://www.dhupress.net
天猫旗舰店：http://dhdx.tmall.com
营 销 中 心：021-62193056 62373056 62379558
印 刷：上海龙腾印务有限公司
开 本：890mm×1240mm 1/32
印 张：6.75
字 数：210千字
版 次：2016年6月第1版
印 次：2016年6月第1次印刷
书 号：ISBN 978-7-5669-1069-1/F·077
定 价：58.00元

译者序

在这篇译者序中，我想重点说说为什么要翻译这本日语专著，以及读者们从这本专著中可以了解到什么。

2013 年初，我拿到长泽伸也先生的这本专著《それでも強い——ルイ・ヴィトンの秘密》（《经历危机依然强大——路易·威登的秘密》），翻阅后，知道这是长泽先生积累多年奢侈品品牌研究的心得于 2009 年写下的一本专著。

众所周知，2008 年，美国金融危机引发全球经济衰退，奢侈品品牌与其他服装品牌一样受到市场变化的冲击。路易·威登（Louis Vuitton）品牌经历经济危机依然强大，依然拥有傲人的销售业绩和消费者的忠诚，其品牌战略与策略是极具探讨价值的，探讨的对象包括路易·威登品牌本身以及品牌背后强大的路易酩轩集团。

2014 年度，路易酩轩集团在全球奢侈品销售业绩中排名第一，探讨路易·威登品牌运作以及路易酩轩集团资本运作的成功经验，特别是在市场顺境与逆境中都能立于不败之地的秘诀，将给予时尚行业的经营者们莫大的启示。

创建于 1854 年的路易·威登品牌是中国市场上知名度极高的

奢侈品品牌，其产品受到消费者的追捧，其品牌专卖店的选址也成为同类品牌的参照标准。在我与伙伴们合著的《服装品牌营销案例集（国际篇）》中，有4个品牌案例是关于路易·威登品牌的，这些案例是：①一个藐视伦敦的法国人、②产品创意灵感来源、③应对仿制者的不同策略、④意义非凡的遗嘱。分别从市场拓展、产品研发、品牌维权与品牌代际传承的角度解读品牌。这些案例受到专业读者与资深消费者的肯定，该书在2008年出版后，2011年又发行了第二版。因此，这次着手翻译长泽先生的专著，更加深入细致地剖析路易·威登品牌，将为读者带来又一次的阅读快乐与专业收获。

路易·威登品牌从注册地法国开始起步经营，历经161年，成为全球化经营的顶尖奢侈品品牌。20世纪70年代，正如长泽先生在专著中写道："人们并不知道，如今名声显赫的路易·威登在20世纪70年代只拥有法国巴黎总店和尼斯店两家店铺。品牌真正意义上的世界性市场扩张则是在20世纪70年代以后。"，"还有一点或许人们会感到非常意外，那就是路易·威登施行真正的世界性扩张战略的起始点竟然选在日本。"路易·威登品牌开拓日本市场，迈出了走向国际市场的关键一步，并且获得了巨大的成功，由此开启了品牌全球化经营的格局。因此，探讨路易·威登品牌的国际化市场运作，日本市场是个绕不过去的关键点，日本的消费环境、销售渠道、价格策略、品牌推广与维护等，长泽先生从日本市场的角度给我们展示了路易·威登这段独具特色的品牌运作经历。同属东亚的中国市场，从市场成熟度较高的日本市场以及路易·威登品牌经营的深度剖析中可以发现许多为我所用之处，这也是区域市场之相互借鉴学习的良好作用。

本译著由我和孙攀河、姜志清、寺崎新一郎共同翻译完成，历时 2 年。具体工作如下：2014 年 1 月，长泽先生的博士生姜志清与寺崎新一郎完成了本书的原始翻译，并由出版社将此稿转交给我。我邀请了留学日本并从事日本文化研究的东华大学副教授孙攀河先生进行初稿翻译。在此基础上，我进行了第二稿的翻译，并进而完成全书的统稿工作。为了确保本译著的翻译质量，孙攀河先生与我在统稿的基础上，又分别完成了统稿修改及定稿工作。

联手翻译长泽先生的专著，除了我们在语言方面的能力，更因为我对日本市场与文化的亲身体验，包括我在日本高校做访问学者期间从事时尚营销专业研究、与日本高校合作的国际化时尚教育项目的管理经历，以及 20 多年时尚营销教研与实践的积累。因此，我相信以我们的努力能为读者呈上一本具有专业化精准程度的译著。

本译著的出版还要特别感谢东华大学出版社的蒋智威社长和马文娟。蒋社长为我们提供了接触长泽先生与他的专著的机会，并完成了前期的沟通与签约工作，使我们可以专心地做翻译工作；马文娟是本译著的责任编辑，工作过程中给予我们专业的指导与帮助。同时也要特别感谢姜志清，她为本书的出版提供了最初的资讯。

2015 年 11 月 12 日

万艳敏于上海西郊

目　录　CONTENTS

第 II 部　路易酩轩集团的秘密

品牌战胜危机永不言败的条件

2008 年年底，日本传出一条令人震惊的消息："法国著名奢侈品牌路易·威登（Louis Vuitton）将撤销其 2010 年在银座开设旗舰店的计划，该旗舰店原定的规模将与巴黎总店相当。"

消息传来之时，正值美国金融危机引发全球经济衰退，世界各国包括日本的经济也不断受到影响。路易·威登此时撤销在银座开设旗舰店的计划，似乎也验证了许多报道的消极猜测："即使是路易·威登也难以在经济危机面前获胜。"

我是在巴黎的市郊得知这一消息的。我在日本长期从事有关奢侈品品牌的研究，当时正作为客座教授在巴黎郊区的埃塞克商学院（ESSEC）工商管理学院任教。

当然，面对百年一遇的经济衰退，路易·威登也受到了影响。2008 年度路易·威登在日本的市场占有率虽然有 1% 的增长，销售额达到 1535 亿日元，但与 2007 年度巅峰时期的销售额 1650 亿日元相比，仍然减少了 7%（《2009 年版进口市场和品牌年鉴》，矢野经济研究所）。

但是我认为，我们更应该思考路易·威登受到影响的程度问题。在不断传来世界著名品牌面临经营困境甚至破产的这段困难时期，路易·威登所受的影响究竟有多大呢？可以认为这个影响是出乎意料的微乎其微。

转眼到了 2009 年 1 月，巴黎又一次拉开了商家促销季的帷幕，城市里挤满了从世界各地来的游客，大街上热闹非凡。为了市场调研，我特意去了著名的老佛爷百货公司（Galeries Lafayette），在那里我发现路易·威登的专卖店比其他任何品牌的专卖店都要拥挤。更让我惊讶的是其他品牌都在降价促销，而路易·威登却仍然执行它一贯的方针，没有进行任何形式的打折促销活动。

在路易·威登的店内，顾客以中国人、日本人为主的亚洲游客居多。同一时期，在日元升值韩元贬值刺激下的韩国，还有日本人始终喜欢的中国香港等地，路易·威登店铺里也聚集了大量的日本顾客。

这种火爆的场景简直让人难以置信。在如此严重的全球规模的经济危机中，路易·威登的产品无论是在巴黎、首尔还是中国香港，依然保持着旺盛的销售势头。

事实上，拥有路易·威登的酩悦轩尼诗·路易威登集团（简称路易酩轩集团，Louis Vuitton Moet Hennessy，LVMH）2008 年度以核心品牌为中心，依然保持着良好的销售业绩。集团年度销售总额比 2007 年增长了 7%，达到 171 亿 9300 万欧元（按 2008 年平均汇率 1 欧元 =152.29 日元计算，达到约 2 兆 6183 亿日元），经营利润达 36 亿 2800 万欧元（约 5525 亿日元），实现了同比 2% 的年度增长。

据 2009 年上半年度报表披露，路易酩轩集团在严重的经济危机中仍然保持了 0.2% 的微增长，销售额达到 78 亿 1100 万欧元（按 2009 年平均汇率 1 欧元 =134 日元换算，约 1 兆 467 亿日元）。特别值得关注的是，集团的服装和皮革制品部门的销售额比前一年度增长 108%，达到约 30 亿欧元，其中路易·威登的箱包产品在全球范围内实现了同比两位数的增长。这种增长在相当程度上得益于日元汇率走高，赴海外购物的日本游客数量增加所致（据《ＷＷＤ日本》，2009 年 8 月 24 日刊）。

路易·威登在全球市场取得如此良好的业绩，其主要原因是来自以中国为代表的亚洲新兴市场的购买力。因此，路易·威登未来的全球化战略中，增加亚洲市场的店铺数量是大势所趋的。前文提到路易·威登取消东京银座开设新店计划一事，正是这个战略考量之下的调整，但是这并不代表日本市场对于路易·威登的重要性正在下降。

事实上，无论是有关路易·威登计划在银座开设新的旗舰店，还有之后决定撤销该计划这些事情，都是业内报刊《WWD 日本》作为独家内幕新闻加以披露，其他相关媒体仅仅是跟风报道。而路易·威登方面从未公开发表过任何有关开店或撤消的言论。因此报道中提到的"未与开发商达成协议"一说的真相也就无从知晓，也可认为这件事仅仅是路易·威登方面和卖方在价格上没有达成一致而已。

路易·威登在东京银座已经拥有两家店铺，即松屋银座店和银座并木道店。此外，在东京市内还有表参道店、六本木新城店、三越百货日本桥店、高岛屋百货日本桥店、西武百货涩谷店、新宿三越奥尔科特店、高岛屋百货新宿店、二子玉川店以及西武百货池袋店共9家店铺，完全没有必要再开设新店。考虑到路易·威登在品牌发源地的巴黎也只有香榭丽舍大街总店、蒙田大道店、圣日耳曼德佩店、老佛爷百货店和乐蓬马歇百货（Le Bon Marche）店共5家店铺，足以看出路易·威登是多么重视东京市场了。

日本现在仍然是路易·威登在全球最大的市场。有业内人士坚信市场业绩不久将会恢复，对我表示说："此次经济危机所造成的影响只是暂时的，虽然现在流行低价的大众时尚商品，但消费者将再次渴望拥有奢侈品。"事实上，2009年路易·威登在日本又新开了高岛屋百货伊予铁道店、高岛屋百货柏店、西武百货池袋店（因三越百货池袋店关闭，该店是开设到2010年秋季新店开张期间的临时店铺）和西武百货旭川店（因丸井今井旭川店关闭而设）共4家新店。

进而从中长期的角度来看，日本作为奢侈品品牌文化的发祥地，对于成长中的亚洲市场将发挥更加重要的作用。正是在这个意义上，日本的路易·威登拥有良好的市场业绩。

竞争的时代唯有"精品"才能生存与延续

提到经济危机，人们自然会想到20世纪90年代后期开始的日本的通货紧缩危机。在快餐和休闲服装等廉价的商品和服务受到消费者欢迎的同时，路易·威登品牌也加速成长起来。是什么原因促使这个奢侈品品牌在如此严重的经济危机下仍然热销，并且以惊人的速度成长呢？世界各大媒体一边惊讶于该事实，一边试图从各个角度进行持续的分析报道。

当下的经济危机不仅波及日本乃至席卷全球，众多的奢侈品品牌在为生存而拼尽全力展开竞争。在此市场环境下，我想大多数人和我一样，对路易·威登依然拥有特殊的市场地位不会有异议。

根据咨询公司明略行（Millward Brown Optimor）发布的全球企业品牌价值排行榜"2009年BrandZ最具价值品牌全球100强"来看，路易·威登名列奢侈品行业第一。明略行对路易·威登的品牌估值为上一年度的105%，约194亿美元（按照1美元=95日元换算，约为1兆8430亿日元）。这个价格是排名第二位的爱马仕（Hermes）（同比113%）的2.5倍，第三位古驰（Gucci）（同比 115%）的 2.6 倍，第四位香奈儿（Chanel）（同比 97%）的 3.1 倍，其品牌价值明显高于其他品牌。尽管全球经济仍处于危机之中，这些奢侈品品牌仍然取得良好业绩，有分析认为这在很大程度上归功于品牌和顾客间的密切关系（《ＷＷＤ日本》，2009 年 8 月 31 日）。

兰姿（Lancel）的鲁南迪（Lelandais）总裁曾对我说："到今天为止只要拥有传统和品牌，即使随意的经营也不会有什么问题，但今后肯定不是这样。市场将考验你是否是真正的奢侈品，或者是否拥有成功的商业模式。在如此严酷的经济状况下，奢侈品品牌迫切地需要创业家精神。"此外，历峰集团（Richemont）日本公司的西村丰社长也曾说过："对于商业模式的进化而言，从另一个侧面看现今经济状况的汹涌波涛或许是一个良好的外部因素。"

在竞争的时代中，经营者需要牢记的是：只有精品或是真正拥有内涵的商品才能生存下来，金玉其外、徒有其表的品牌将愈发举步维艰。因为，在经济危机的背景下，人们在消费的时候"要买到确有价值的商品"这种意识会变得更加强烈。

正是在现在这个时代，人们更加关注品牌的真正价值。虽说面临经济危机，但日本人也并不是完全没钱，当遇到能够真正激发他们购买欲望的有价值的商品时，人们依然会出手购买。

学习路易·威登的"品牌力"

在一个拥有几乎所有商品的富裕国度，能唤起人们购买欲望的不仅仅是功能、低价的实用性以及不可或缺的质量等价值。人们所追求的不仅是购买到的商品本身，还有商品所讲述的故事以及购买行为本身的魅力，或者进一步说，人们追求的是通过购买有价值的商品这件事所能带来的兴奋、满足等感受，也就是"感性价值"。

那些能够提供这种"感性价值"的商品或企业才能获到消费者的支持。那么，现在日本企业的商业模式究竟如何呢？他们的目光专注于"感性价值"吗？能够完美地提供消费者所追求的价值，或者说他们打算这么做吗？他们能够做到游刃有余吗？

要做到以上几点，企业或商品的"品牌力"就变得尤为重要。为什么消费者购买的不是 A 商品而是 B 商品？就功能而言两个产品如果不分仲伯，那么左右购买行为的因素就是感性价值和品牌。那么究竟怎样做才能拥有可以激发消费者购买欲望的"品牌力"呢？这将是所有企业未来都要面对的问题，这不仅包括日本的企业，也包括全世界的企业。

品牌若要在国际竞争中获胜就必须大幅度提高自身价值，面对这一重要的课题，我认为路易·威登品牌有很多值得我们借鉴的地方。

路易·威登以强大的品牌个性为武器，采用一系列的经营策略从竞争激烈的众多品牌中脱颖而出，其经营策略包括其他品牌无法模仿的商品、超越价格的独特价值、独立的流通渠道、特立独行的促销手法等。路易·威登率先开创的奢侈品品牌"不以价格竞争"、"以品牌个性为武器"等经营策略，在日本市场乃至全球范围都取得了巨大的成功。

我在2007年出版的《路易·威登的法则》（东洋经济新报社）一书中，从研究奢侈品品牌的专业视角详细分析了路易·威登的品牌战略。此外，在2002年出版的《品牌帝国的真面目：LVMH酩悦轩尼诗·路易威登集团》（日本经济新闻社）一书中，都剖析了路易·威登的控股公司全球品牌集团路易酩轩的经营策略。本书将融会以上两本书的内容，向所有从事经营的人们传达面向未来的品牌战略要点，并希望借此找到能够终结停滞不前的日本经济的突破口。

毋庸置疑，路易·威登在全球范围取得了商业上的成功，而且它的消费者中没有哪国人比日本人更热衷于这个品牌。事实上，日本市场的销售额占其全球销售总额的25%~30%。有关路易·威登是如何紧紧抓住日本消费者内心的研究，一定会给我们很多的启示。

"逆向理论"的奢侈品战略

本书中提及的"路易·威登"（Louis Vuitton）并非单指一家企业。

"路易·威登箱包"（Louis Vuitton Malletier）指在代代继承威登家族卓越的制包传统的基础上，由艺术创意总监马克·雅克布（Marc Jacobs）担纲设计的生产制造企业。

"路易·威登日本"（Louis Vuitton Japan，现 LVJ 集团）是指由秦乡次郎（Hata Kyojiro）前社长掌控商品流通和品牌形象的贸易和零售企业。现社长为 2009 年 10 月开始任职的弗雷德里克·莫雷尔（Frédérique Morrel）。

"LVMH 酩悦轩尼诗·路易威登"（LVMH Moet Hennessy Louis Vuitton S.A.）是路易·威登的控股公司。这家由伯纳德·阿诺特（Bernard Arnault）总裁创建的集团公司在充满了相互矛盾且各种因素复杂关联的奢侈品市场中，确立了崭新的商业模式，并发展成为大型的品牌集团。奢侈品市场的矛盾与复杂性体现在如下各个方面：

● 必须将服装设计师、服装缝制等专业人士的创造性、艺术性与卓越的现代市场营销手法结合起来

- 必须在维护品牌形象和高品质的同时增加销售业绩

- 必须在不破坏传统的前提下开发新产品

奢侈品品牌战略与传统日用必需品的品牌战略截然不同。同时也与常被混为一谈的高价商品战略或是流行品牌战略有所区别。（约翰·诺埃尔·科普菲尔、文森特·巴斯蒂安合著，长泽伸也译《奢侈品战略——如何构建和管理真正的奢侈品品牌》，东洋经济新报社，2011 年）

奢侈品品牌战略的本质，正如表 1 所示，可以说是一种颠覆了传统营销理论和品牌理论的"逆向理论"。有关路易·威登的品牌战略，尤其值得我们在经济大环境欠佳的时期借鉴的这些经营战略，我将会在本书接下来的章节中详细地展开说明。

表 1　路易·威登的奢侈品战略

项目	市场营销定式	路易·威登法则	法则的由来
产品（PRODUCT）	充分的品质(合适的品质，不可品质过剩)相对的品质F&B(功能与便利性、适用性、与需求一致)	卓越的品质(对品质的执着、拥有传说的商品)绝对的品质感性品质(体验价值)	路易·威登家族的执着和方针＋马克·雅各布的AD
价格（PRICE）	低价格相对价值	高价(合理价格)绝对价值	秦乡次郎(LVJ)
销售渠道（PLACE）	宽渠道(增加门店数量，邮购以及量贩店等)	限定的流通渠道(控制流通，不采用无法管控的渠道)	秦乡次郎(LVJ)
促销（PROMOTION）	大量广告(电视广告等)	重视公共宣传(媒体曝光率)	强调路易酩轩集团＋日本
品牌（BRAND）	传统的营销理论、品牌理论(品牌资产、品牌排名等)	颠覆传统营销理论、品牌理论	伯纳德·阿诺特总裁＋路易·威登家族＋马克·雅各布斯AD

第 I 部

路易·威登的秘密

The secret of
Louis Vuitton

造就"名牌热"的路易·威登

在日本提到"高级名牌",人们首先会想到路易·威登。一般认为大约 4 成的日本女性或多或少都拥有路易·威登的商品。如此算来,路易·威登在日本的市场规模十分惊人,消费者可以达到数千万人之多。

如今,路易·威登依然在日本的奢侈品市场具有压倒性优势。日本一直被认为是"喜好品牌"或"品牌大国",并且是世界奢侈品品牌的主战场,在这个战场上,路易·威登实力出众。

2008 年,路易·威登在日本的销售额约为 1535 亿日元,约是 2007 年后开始快速发展跃升为第二名的蔻驰(Coach)的 2.3 倍,是第三名爱马仕(Hermes)的 2.6 倍,第四名蒂凡尼(Tiffany)的 3.1 倍。[①]

在此要特别强调一下单店的营业额。路易·威登在日本拥有 57 家店铺,而第二名的蔻驰 (Coach) 则拥有 155 家店铺。如果计算一下单店营业额的平均数,路易·威登每家店铺的平均营业

[①] 《2009年版进口市场和品牌年鉴》,矢野经济研究所。

额约为 27 亿日元，这一数字几乎是其他知名品牌的三到十几倍，路易·威登在日本的人气之高由此可见一斑。

最近这 10 年间，在日本出现的品牌热不如说是"路易·威登热"更为贴切。路易·威登在此品牌热中呈现了一家独大的局面，品牌形象不断提升，实际销售额也持续增长。

但是，人们并不知道，如今名声显赫的路易·威登在 20 世纪 70 年代只拥有法国巴黎总店和尼斯店两家店铺。品牌真正意义上的世界性市场扩张则是在 20 世纪 70 年代以后，让我们先来看一些具体数据。

1977 年，路易·威登只有巴黎和尼斯 2 家店铺，销售额仅为 1000 万美元。在此状况下，品牌经营权和所有权被强制分离，亨利·拉卡米耶（Henry Racamier）成为了公司经营者。1990 年，亨利·拉卡米耶离开路易·威登公司，现任总裁伯纳德·阿诺特接任。这段时间内，路易·威登共开设了 125 家店铺，销售额扩大 76 倍，达到 7 亿 6500 万美元。到了 2005 年，路易·威登的销售额高达 37 亿 2000 万美元，竟然是 1977 年销售额的 372 倍，即使相比 1990 年的销售额也是近 5 倍之多。

作为参考，先来看一下本书将在第二部重点介绍的路易·威登的控股公司路易酩轩集团的整体情况。该集团 1990 年的总销售额为 198 亿 3200 万法郎（约合 36 亿 5000 万欧元，数据来自路易酩轩集团的年报），集团 2005 年的销售额达到 139 亿零 900

万欧元，约为 1990 年的 4 倍（数据来自路易酩轩集团的官网）。

此外，还有一点或许人们会感到非常意外，那就是路易·威登施行真正的世界性扩张战略的起始点竟然选在日本。

为什么法国一家小小的高级箱包老字号在 20 世纪 70 年代决定进军世界市场？而又为什么迈出的第一步选在了日本？并且，路易·威登又是怎样获得日本人如此广泛的支持的？等等。这些问题都事出有因，本书将阐明路易·威登之所以强大的秘密。

路易·威登拥有许多饶有兴味的"关键词"，这里从中挑选 8 个，在第 I 部中分为 8 章来进行解说。

第 1 章　对"正品"的执着

第 2 章　"传说"的创作方法

第 3 章　源自日本的流通革命

第 4 章　创建"品牌信任"

第 5 章　"品牌形象"的传播方法

第 6 章　敢于"不售"的广告策略

第 7 章　百年老店的"时尚"

第 8 章　持续不断的"生产力"改革

路易·威登为何拥有如此强大的品牌力，从而使其在竞争激烈的奢侈品市场中脱颖而出，独步天下呢？我相信所有身处商业竞争中的人士都渴望了解其成功背后的秘密。

"奇迹品牌"背后的强大集团

　　关于路易·威登的控股公司路易酩轩集团（LVMH, Louis Vuitton Moet Hennessy，公司全名和字母简拼顺序不同的原因见后续论述）的真实情况，人们意外地知之甚少，因此这里先简单介绍一下。路易酩轩集团是法国市值最高的企业，旗下拥有包括路易·威登在内的 50 多个品牌，是世界第一大奢侈品品牌帝国。

　　如果仔细探究一下路易酩轩集团旗下的品牌，很多人都会发出这样的惊叹："咦？那个牌子也和路易·威登是同一家公司的吗？"例如，克里斯汀·迪奥（Christian Dior）、罗威（Loewe）、席琳（Celine）、伯鲁提（Berluti）、纪梵希（Givenchy）、高田贤三（Kenzo）、芬迪（Fendi）、唐娜·卡兰（Donna Karan）、娇兰（Guerlain）、豪雅（Tag Heuer）、绰美（Chaumet）、真力时（Zenith）、凯歌香槟（Veuve Clicquot）、酩悦香槟（Moet & Chandon）等。此外，海外旅行时经常见到的免税店 DFS（环球免税店），包括巴黎的老字号百货店乐蓬马歇百货（Le Bon Marche）等其实也都已经被路易酩轩集团收入旗下。

　　在路易·威登快速发展的背后，庞大的路易酩轩集团基于整体考虑的品牌配置战略也若隐若现。目前该集团主要由以下五个大的事业部门组成。

- 葡萄酒和烈酒
- 时装和皮革制品
- 香水和化妆品
- 钟表和珠宝饰品
- 精品零售

在拥有 50 多个品牌的路易酩轩集团中，路易·威登的地位尤其重要，它的销售额约占集团总销售额的 1/4、营业利润占比 2/3。因此，路易·威登毫无疑问是集团的核心品牌，也可以说路易酩轩集团是以路易·威登为绝对核心的一个品牌帝国。

20 世纪 70 年代以前，路易·威登一直是由每代品牌掌门人，同时也是箱包手工艺人经营的家族企业。关于路易·威登如何从一个家族企业发展到如今庞大的品牌集团，这其中有很多耐人寻味的故事。介绍并分析酩悦轩尼诗·路易威登集团的创立过程以及集团的实力等是本书的另一个目的，详细内容将会在本书的第 Ⅱ 部中展开。

路易·威登创立于 1854 年，现在仅在日本就拥有 57 家店铺（其中百货商场内 45 家，截至 2009 年 10 月 1 日），全球店铺总数超过 430 家。我长期从事奢侈品战略研究，从营销的角度来分析路易·威登，我更愿意称之为"奇迹品牌"。

　　我所说的"奇迹"，是指路易·威登具备将两个对立概念完美统一的卓越能力，如高级感与普及性、创新性与商业性、朴实刚健的传统与最流行的时尚，等等。一个品牌将这些纷繁复杂且相互矛盾的价值同时呈现，这在全世界恐怕也是绝无仅有的。

　　为什么只有路易·威登可以被称为"奇迹品牌"呢？它大受欢迎和成功的原因是什么？华丽的品牌形象背后隐藏的又是怎样卓越的商业战略呢？本书将对此一一解说，进而揭示"奇迹品牌"背后的秘密。

第 1 章　对"正品"的执着

抵制仿冒品而诞生的"字母组合图案"

路易·威登的常规商品中，"Monogram"（字母组合图案）系列至今仍然广受各年龄层消费者的喜欢。这款使用 L 和 V 的字母组合并配以花朵和星星的设计图案，使人一眼就能够辨认出来，成为路易·威登品牌的象征。其实这款字母组合图案诞生的背后有着"意外"的理由，即它原本是抵制仿冒品的对策。

1854 年，行李箱工匠路易·威登在巴黎开设了一间工作室开始创业。在当时销售的商品中，"Gris"（灰色）系列产品最受顾客好评（图 1）。

当时，行李箱多用皮革制作而成，但不尽理想的是天然皮革使箱体自身很重，且容易被划伤，为此，路易·威登开发出由多层麻布叠合再进行防水处理的新型面料。因为这款面料是灰色的

图 1　路 易 · 威 登 品 牌 的 第一代 至 第三代 掌 门 人（路易、乔治、加斯顿）与 员 工 们
（东方 IC 提供）

帆布，所以被称为"Gris Trianon"（灰色特里亚农）。

但是，这款行李箱设计过于简单，很快就出现了大量的仿制品。为了杜绝仿制品，路易·威登在 1872 年设计了名为"Twelve"（十二）的、由红色和浅棕色条纹组成的图案。4 年后的 1876 年，这一设计的颜色被改为茶色与浅棕色交替。但即便如此，还是无法阻止 仿制品的出现。

1888 年，路易·威登在忍无可忍的情况下，终于想出一条绝妙的对策，那就是"Twelve Damier"（十二棋盘格）图案的诞生。他将这一图案进行了商标注册，这是世界上首个用面料图案注册的商标。顺便提下，法国于 1857 年开始实施商标法，是世界上最早实施商标法的国家。

虽然路易·威登完成了商标注册，但"Damier"（棋盘格）的方格图案并不是很复杂，因此，时隔不久，仿冒品又重新出现在市场上。由此可见当时路易·威登的流行程度，即使注册了商标但还是没有办法杜绝仿冒品的出现。

终于，1896 年诞生了划时代的商品，威登家族的第二代掌门人乔治·威登发表了以 LV 字母和花朵、星星组合出来的"Monogram Canvas"（字母组合图案帆布），当然也注册了商标。无比复杂的图案是这款设计的最大特征。可以说，正是对打击仿冒品的坚定执着，造就了这款无法轻易被模仿，且在当时非常罕见又极其复杂的图案设计。

此外，"Damier"（棋盘格）系列产品在"Monogram"（字母组合图案）诞生后被封存，直到 1996 年，在"路易·威登品牌创建 100 周年"活动中才作为定时限量商品再次复活，该系列产品广受大众好评，两年后重新作为常规产品面世，至今仍然大受欢迎。

路易·威登在经营品牌的过程中，认为次品带来的顾客信任受损是最大的问题，因此，对"正品"的价值尤为重视。路易·威登一直秉承生产优质耐用商品的传统，坚决抵制仿冒品的流通。正因为如此，顾客们给予了路易·威登产品最大程度的信任。

好产品总是无法摆脱被模仿的命运，但是，路易·威登一直致力于维护正品价值，对品牌的维护毫不懈怠，这一方针在"字母组合图案"诞生后一直持续至今。即使是在其世界第一大市场的日本，路易·威登与日益精巧的仿冒品和假冒品的战争至今还在进行。

路易·威登的历史就是一部与仿冒品的斗争史，这段历史在其官方网站以及各类杂志的特辑上都有刊载。刊登与仿冒品的斗争历史，实际上也是抵制仿冒品的对策之一，也可以说是品牌的荣誉证明。

品牌之魂——"字母组合图案"法则

路易·威登对"正品"的执着和过人之处不仅仅停留在产品生产的层面上,举例来看,在有关"字母组合图案"的使用规范上,路易·威登也建立了一系列严格的法则。

路易·威登的标识必须出现在商品正面的中央。对于无法将标识放在中央的商品,会采用左右对称的方式来突出路易·威登的标识。这一规则不会因商品的类别不同而有所变化,从手提包到行李箱甚至小配件无一例外。

而且这一规则不仅局限于路易·威登的商品,曾经有过一些书籍和杂志的封面上也使用路易·威登的字母组合图案。对于不轻易授权使用字母组合图案的路易·威登来说,这些授权应该是对这些报道或叙述的内容比较认可吧。

然而,这些书籍中有一本西尾忠久所著的书,书名为《路易·威登——路易·威登的秘密与全款式目录》,该书现已停止发行。关于这本书成为绝版的原因,在路易·威登发烧友中有个非常有趣的说法。

那是因为该书将封面上的 LV 字母组合图案放大了 1.18 倍,且位置略偏向左方。于是,第四代传人亨利·路易·威登以此为理由提出了"即时停止出版且不再版"的要求。佐佐木明编著的

《仿威登——巨大的假名牌市场追踪》（小学馆出版社，2001 年）一书后记中，作者提到了这件事。补充说一下，西尾忠久的这本书后来虽然停止发行，但第一版已经上市流通，我曾经在网络拍卖上见过该书标出的天价。

路易·威登的字母组合图案是品牌的灵魂，灵魂是绝对不允许有一星半点偏差的。即使原则如此，对此事的处理仍然凸显出路易·威登令人叹服的执着。真不愧是路易·威登！

为什么二手店不做正品鉴别

路易·威登还有一项抵制仿冒品的对策，该对策贯彻得非常彻底。这项对策的核心，就是解答由谁来保证消费者购买的商品是"正品"这个问题。这个问题很重要，但是答案很简单，那就是："只有路易·威登的正规店铺才能保证消费者购买到的商品是正品。"

即使路易·威登采取了严格的抵制仿冒品对策，但仿冒品依然存在。因此，在奢侈品二手店的收购窗口，总会有仿冒品混迹于正品中，然而有趣之处恰在货品拿到收购窗口之后的过程。

虽然顾客将商品带到二手店要求回收，但当顾客并不确定所持的路易·威登箱包是否正品时，一般会询问店里的鉴定人员，但店员往往不直接回答是正品还是仿冒品，而是回答说"我们以多少多少日元回收"，或者"本店不能回收"。

在我撰写《路易·威登的法则》时，合著者前田和昭曾前往二手店采访，了解到以前路易·威登公司方面曾发文要求二手店："请在鉴定商品时不要使用'正品'或'仿冒品'等用语。"二手店业界对此予以响应，自那以后，二手店一般不明确说明商品的真伪，这也成为了业内不成文的规则。

通过这样的策略，路易·威登希望消费者能够形成这样一个概念，即 "使用仿冒品是一件很可耻的事情"。同时，路易·威登在日本注册商标开设正规店铺，通过正规店铺提供正品认证，并以此作为最终武器夺回了非正规店认证正品的资格。

这样一来，消费者自然而然地形成了一种良好的消费模式，即只在正规店铺购买路易·威登的正品，当然，这是路易·威登公司采用策略促成的结果。

路易·威登为何没有品牌折扣店

在时尚业界，有的公司将生产委托给签约的外部工厂而非自己的工厂，将销售委托给其他代理公司而不是直营店铺。虽然，这是一种规避各种风险的商业模式，但从品牌管理的角度看却是下策，其行为无异于自杀。

路易·威登的产品全部由自己培养的工匠在其直属工作车间内制作完成，产品也只在遍布世界各地的直营店或正规店销售。这一点充分体现了路易·威登对"决不允许在正规店以外的店铺进行商品的买卖"策略的执着。从表面上看，自行生产与自主流通提高了经营成本，但考虑到"品牌维护管理成本"，就并非如此了。

现在，路易酩轩集团旗下的主要品牌正在切换到这种直营销售模式，其目的包括了阻止工厂将产品转销到品牌折扣店（如奥特莱斯）。品牌折扣店的商品，大多源自外包工厂，考虑到可能会有残次品，因此，工厂的生产数量往往会超出实际订单数量。路易·威登只在公司自己的工厂生产产品，并且能够完全控制产量，所以这也就成了没有品牌折扣店的原因。

二手市场中亦不贬值的"金融商品"

众所周知，将品牌商品卖给二手店变现时，路易·威登的箱包比其他品牌的回收价格要高，其价值的通用性堪比货币，因此，我提出了"路易·威登货币论"。

我在采访二手品牌店时发现，品牌公司在回收和销售价格方面不会给予任何指示，但路易·威登的商品即使是二手货也不会贬值太多，整个过程中完全由市场的供需关系决定买卖价格。虽然，高价回收商品对二手店来说并不容易，但如果回收价格不能令客户满意，他们会选择其他店铺或以网络竞拍的形式出售商品，如此一来，该店会成为没有路易·威登商品的店铺，也就成为了无法满足顾客需求的店铺。

此外，补充说一下，未使用过的路易·威登字母组合图案系列产品，通常能以原价 9 成以上的价格成交。一般来说，标价为原售价 9 成的商品，其进价约为 8 成半，利润只有 5%。因此，未使用过的路易·威登商品能够以原价的 85% 价格被回收，以容易变现的角度看，可以说是堪比货币了。但是，这不仅仅是单纯的容易变现的问题，消费者因为一时的喜爱而购买商品，即使将来不喜欢了想出手也能卖个好价钱，这样的商品让人购买时很放心。

　　而且，那些限量版、稀有品种或者是热销颜色的商品，非但不会降价回收，反而具有升值的空间。有些消费者选择购买路易·威登的商品就是出于这方面的考虑。如此一来，路易·威登的商品也就成为了投资或投机的对象，其价值甚至超过货币本身，可以将其视作类似于股票、期货之类的金融产品。

　　现在，路易·威登的二手货市场，即再次流通的市场规模巨大。截至目前（2009 年，译者注），日本市场的销售总额再加上作为海外旅游纪念品等带回来的商品总额，大约有 1 兆日元的路易·威登产品。这些商品不会被轻易舍弃，它们便于回收再流通因而不会变为废弃物。因此，可以说路易·威登是对环境友好、适合当今时代的品牌。

第2章 "传说"的创作方法

反复讲述"品牌诞生"的故事

这里有必要思考一下,"品牌"究竟是什么呢?

就箱包而言,单从"存放携带物品"这一功能考虑,几千日元就可以买到的商品足以满足消费者的需求。那么,为什么价格高出十倍以上,有时甚至百倍的品牌箱包仍然受到消费者青睐而热卖呢?那是因为对于消费者来说,品牌本身就具有一定的价值,品牌商品也同样拥有与之相应的价值。

那么,这个价值究竟是什么呢?高品质当然是首先想到的,但却并不仅限于此。我认为这或许是萦绕于品牌四周的一种"氛围"吧,进一步的凝练,应该是由"品牌传说"孕育而生的氛围。

路易·威登对品牌的本质理解得非常透彻。举例来说,路易·威登经常在产品上使用"Since 1854"这一始创年份的数字,那是因为它清楚地知道155年(截至2009年,译者注)的历史与传统所拥有的价值。

正因为如此，任何有关于路易·威登的报道，只要篇幅允许，必然会提及它的创业传奇，这也正是"品牌传说"的起源。

19 世纪上半叶，一个在法国东部侏罗山脉（Jura Mountains）中长大的少年，怀抱梦想独自一人前往巴黎。对贫困的少年而言，除了步行以外别无他法，他在路上共花了两年的时间，终于抵达巴黎。从此，16 岁的少年开始在木箱制造兼包装业者的店里工作，当时，从事木箱制造业还兼营行李打包的工作。

具有卓越打包才能的少年受到赏识，不久开始为皇宫提供服务，获得了为拿破仑三世的王妃欧仁妮（Eugenie）皇后专业打包礼服的殊荣。当时，王公贵族们为了参加各地城堡举行的盛大舞会，礼服必须通过特殊的防变形打包后运送。由于欧仁妮皇后的喜爱和惠顾，路易·威登于 1854 年在巴黎的繁华街道卡普西努大街 4 号开设了旅行用箱包的店铺。

路易·威登得到王公贵族们的支持，它的商品不久就取得了"贵族用品"的地位。在 1889 年的巴黎世界博览会上，路易·威登展示了他的行李箱并荣获金奖，从此路易·威登的产品与服务日益受到世界各地的广泛关注（图 2）。

即使现在，路易·威登已经成为一家大型企业，它的产品制造过程中仍然少不了创始人家族的参与。随着马克·雅各布斯（Marc Jacobs）接任品牌艺术设计总监，路易·威登开始与世界

图 2　路易·威登品牌与"传说"的缔造者路易·威登（1821—1892 年）
（东方 IC 提供）

一流的创意人士合作并推出相关作品，但是创始人家族仍然保留着"该商品不能以路易·威登的名义销售"的否决权，相关的内容将在后文详细介绍。

　　作为"传说"的素材，创始人的历史和全球 VIP 顾客喜爱的纪念性商品至今仍被妥善保存。路易·威登很好地理解了传统所具有的价值并最大限度地活用，从而树立了它特有的品牌形象。

用"传说"舒缓"购买之痛"

在日本，经常会听到这样的说法，虽然国外品牌产品制作工艺精良，但是日本制造产品的质量也不逊色于它。然而，相对于国外产品的高昂售价和热销程度，日本的"优质产品"却只能望洋兴叹。

产品的魅力要素中存在着以"传说酝酿的氛围"为代表的其他价值，而日本产品恰恰忽略了这一点，这是对日本产品的典型评价。

"传说"是产品具有魅力所不可或缺的重要因素，通常情况下，产品的价格和质量会保持匹配，这是依据"质量指标"的定价原理，但是，"传说"所散发的魅力不受这个原理的束缚，这一点与拥有单纯高价商品而产生的"显赫"或"珠光宝气"的含义也有所不同。我认为拥有高附加价值的品牌商品，其悠久的历史和品牌由来，可以舒缓消费者在购买时因高昂的价格而产生的"心痛"。

以路易·威登为代表的奢侈品品牌，对这些品牌而言，绝对优质、设计感、流行魅力，再加上品牌的家族历史以及神话般的佳话传说，构成了品牌的重要魅力因素。

在诸多关于路易·威登的"传说"中，最出名的莫过于"泰坦尼克号"的一段故事。"泰坦尼克号"沉没于 1912 年 4 月，当时，乘坐头等舱的乘客都是来自于社会的富裕阶层，他们大多使用路易·威登的行李箱存放行李。令人惊讶的是，传说游轮沉没后从遇难海域打捞上来的路易·威登的行李箱，一点都没有发生渗水现象……

这可能有点道听途说的感觉，事实究竟如何其实并不重要，关键在于路易·威登的品牌历史中存在着这样的佳话，这会使人对这个品牌产生"如此高质量的路易·威登产品，当然有可能不渗水"的联想，这正是品牌价值的真正所在。

品牌向消费者讲述它的"传说"，舒缓消费者付款时不舍情绪的同时，消费者对于其产品的认知也发生了转变。"箱包"不再是单纯的商品，它成了重要的"爱好之物"。尽管消费者不惜花费大价钱购买优质商品，但品牌"传说"其实不可或缺，它引发人们产生"这才是优质商品"的联想。

日本的工业产品大多属于高品质的"优质商品"，但却卖不出高价，我认为这里存在着能否将"产品"转化为"爱好之物"的经营意识的巨大差异。

"传说"以及王公贵族与名人

❦

　　在路易·威登众多的"传说"中，还有一点绝对不能忘记，那就是"缪斯"。缪斯是希腊神话中的女神，在路易·威登的世界中代表着众多喜爱并使用这个品牌的知名人士和形象人物。"缪斯"虽然主要代表女性，但"品牌形象代言人"一词不论男女经常出现在各类时装杂志上。路易·威登十分擅长这方面的营销，"缪斯"女神的形象对于顾客而言也就成为了"传说"的一部分。

　　最具代表性的传说是品牌创立之初路易·威登商品即成为王公贵族们的御用品一事，创始人路易·威登是拿破仑三世的王妃欧仁妮皇后的御用商人。此外，以埃及皇帝伊斯梅尔·帕夏（Isma'il Pasha）为代表，世界各地的王公贵族们先后成为路易·威登的主顾，即使在法国以外，它的商品仍被许多王侯们所追捧。这些都成为了其后在产品开发中所隐含的"传说"，例如，1926年，为印度巴罗达王（Baroda）所设计制作的"茶盒"，就被解释为之后的"EPI"（水波纹）系列产品的设计灵感来源。

　　同时，在民间也相继流传出路易·威登各种版本的"传说"，对此，"缪斯"女神的存在具有重大意义。我们来看看如下的"缪斯"们。

　　● 奥黛丽·赫本（Audrey Hepburn）
　　在奥黛丽·赫本出演的电影作品中，路易·威登箱包的重要性几乎可以授予"最佳道具奖"。比如在影片《黄昏之恋》（1957年）中路易·威登的行李箱发挥出的作用和象征性，体现了当时路易·威登所代表的"地位"。在那个时代，拥有路易·威登就是富豪的证明。

影片中，那个可以容纳下她整个身体的大行李箱，以及特写镜头里奥黛丽的大眼睛、L和V的字母组合等，通过电影，路易·威登的箱包开始作为奥黛丽艺术风格的一部分，给人们留下了深刻印象。之后，日本游客开始在巴黎的路易·威登店铺前排起长龙，再然后的1979年，路易·威登进军日本市场。奥黛丽·赫本在很大程度上提高了当时路易·威登在日本人中的知名度（图3）。

图3　奥黛丽·赫本主演的电影《黄昏之恋》（1957年）富豪法兰肯下榻的旅馆中放置着巨大的路易·威登行李箱（东方IC提供）

- 鲁奇诺·维斯康蒂（Luchino Visconti）

路易·威登迷们一直认为维斯康蒂的作品《魂断威尼斯》（1971 年）简直是一部为路易·威登而存在的电影。上流社会出身的维斯康蒂是路易·威登的常客，根据店铺的客户信息卡，维斯康蒂生前共购买过 42 件路易·威登的产品。

- 加布里埃·香奈儿（Gabrielle Bonheur Chane）

路易·威登的常规包款"ALMA"（阿尔玛）是以 1925 年特别为可可·香奈儿订制的产品为基础逐渐变化而来的。她既是自己的品牌——香奈儿的女神，同时也是路易·威登"ALMA"（阿尔玛）系列产品的女神。

- 查尔斯·林德伯格（Charles Augustus Lindbergh）

1927 年，查尔斯·林德伯格驾驶飞机，只携带装有咖啡的水壶和一包三明治从纽约抵达巴黎，完成了世界首次单人不着陆跨越大西洋的飞行。他在乘船返回前，在路易·威登的店铺购买了两个行李箱。

- 莎朗·斯通（Sharon Stone）

名为"Vanity·Star GM"和"Vanity·Star PM"的化妆箱"Amfar"，是按照莎朗·斯通的特别定制而制造的产品，产品内部缝有带"DESIGHN BY SHARON STONE（莎朗·斯通设计）"字样和她的签名标记，之所以推出这一共同设计产品，是因为在产品企划时，路易·威登计划将销售收益捐赠给美国的 AIDS 基

图4　展示在阿尼埃尔博物馆的莎朗·斯通的特别定制化妆箱(作者拍摄)

金（图4）。①

● 市川团十郎·海老蔵（成田屋）

市川团十郎父子（当时的海老蔵名为市川新之助）曾参加路易·威登表参道旗舰店的开业剪彩仪式。市川团十郎是日本歌舞伎名门家族，演出团名为成田屋，家主在日本称"家元"，代代世袭"市川团十郎"的名号。成田屋是日本歌舞伎界名门中的名门，可以说市川家的历史就是歌舞伎的历史。成田屋和路易·威

—————————

① 译者注：全美艾滋病研究基金会（American foundation for aids research, AMFAR）。

登有着很深的渊源，2004 年 10 月，第 11 代市川海老藏在巴黎夏乐国家剧院的袭名演出，以及 2007 年 3 月巴黎歌剧院的《劝进帐》公演都得到路易·威登的资助。

举世无双的"特别定制"

在155年的历史中，路易·威登品牌拥有众多名人顾客，但对某一个特定的名人不过分依赖，这是路易·威登的另一大特征。因为，即使品牌传播启用最具影响力的名人，一旦固定合作，随着名人的衰老或影响力下降，品牌形象也不可避免地衰减，这种事例在以往的其他品牌中也屡见不鲜。

人的一生沉浮不定，时光有限，如果一个品牌将自身与某一个特定人物绑定在一起，品牌也可能变得不稳定，甚至有可能到达生命的终点。为了使品牌持续提升，必须规避这一风险，而路易·威登的高明之处就在于清楚地认识到了这一点。

为此，路易·威登向客户提供"特别定制"服务，这种特别服务为特定客户提供世间独一无二的订制产品，满足这部分客户的特殊愿望，并由此不断创造出新的"女神"以及创造出新的"传说"。

路易·威登的特别定制服务分为两种。一种是在现有产品的基础上变更面料（例如将"Monogram"字母组合图案产品换为"EPI"水波纹产品等）或增加口袋等的"定制商品"；另一种是按客户要求制作全新的商品，即"私人定制"。无疑，后者产生了众多路易·威登的"传说"。

近年来，备受关注的日本人的特别定制产品，自然是前文提到的歌舞伎第 11 代市川海老蔵在其 2004 年的袭名演出时，他的父亲第 10 代市川团十郎先生为他定制的化妆箱。歌舞伎演员需要在演出前自己化妆，为了便于海老蔵使用，团十郎先生亲笔绘制草图订制了这一款化妆箱。这款由字母组合图案加帆布面料制作而成的化妆箱，在海老蔵袭名演出时，与路易·威登公司的第五代传人帕特里克·路易·威登（Patrick Louis Vuitton）及他的次子伯努瓦、伊夫·卡鲁塞尔（Benua Yves Carrousel）会长以及团十郎先生和海老蔵先生的纪念照片一起，在东京歌舞伎座和大阪松竹座等歌舞伎剧场展出过。

近年来，另一个让人产生全新感觉的特别定制商品是一个吉他盒。在路易·威登的广告中可以看到滚石乐队成员基思·理查德兹（Keith Richards）的照片（虽然与路易·威登的风格不同，关于广告策略稍后提及），照片中他的身后放置着字母组合图案的吉他盒。这则广告让人立即产生"路易·威登竟然有这种产品？"的联想。

特别定制服务通过满足客户的个性化需求向世人提供了话题，同时，对于路易·威登的产品开发也具有促进作用。路易·威登通过特别定制服务直接了解顾客的需求，包括行李箱或手提包需要有何种变化？这一服务直接把握了顾客的真实需求和想法，兼具市场调研的功能。

实际上，路易·威登还曾特别定制过用于装机器小狗的盒子。这样，路易·威登就能够很好地把握时代的变化。此外，承接特别定制的产品对于在直属工作车间手工制作的路易·威登的工匠们也能够起到锻炼提升的积极作用。

现在，特别定制产品的总负责人是创业家族第五代传人帕特里克·威登。第一代为路易（Louis）、第二代为乔治（George）、第三代为加斯顿（Garston）、第四代为哥哥亨利（Henry）与弟弟克劳德（Claude），第五代为克劳德的长子帕特里克（Patrick）。155 年，由五代六个人潜心钻研而成的路易·威登的技术和审美观念，塑造了这个特别定制的"传说"。

另外，日本特别定制的经典产品是户外茶道所需的全套器具套盒，日本的"传说"和海外的"传说"融为一体，这些都是深受日本人喜爱的话题。

消费者显而易见的"高品质"

〰〰〰

路易·威登孕育出的"传说"至今仍然熠熠生辉。"传说"的光辉本身很耀眼,为了防止玷污"传说",或者为了使"传说"更具力度,路易·威登长期以来采取了各种应对措施。

为维护正品而与仿冒品的抗争是措施之一,在产品开发和制造方面,路易·威登妥善地、不断地回应顾客那种"果然是路易·威登"或"不愧是路易·威登"的期待,并且用顾客非常容易理解的形式回应。

一般而言,外行人对于商品,特别是高级商品的细节好坏并不是非常了解。究竟有多少人,能比较高档商品并对其不同之处进行详细说明呢?

在此不妨采用一下逆向思维,如何转变创意观念,开发出让外行人也能轻易了解的产品,并迅速发现商品的优良品质,这一点至关重要,值得经营者认真考虑。事实上,人们通常会从与本质毫不相干的方面评价产品本质。

众所周知,路易·威登的行李箱以坚固闻名于世,出自第二代乔治之手的箱锁,即使想要撬开也非常困难。但是,当行李箱中的东西更为重要时,人们不用开锁直接锯开箱子就行,此时,锁是否结实并没有太大的意义。虽然如此,路易·威登的产品大多带锁。我认为路易·威登通过锁这一配件使消费者产生"牢固"的印象，从而触发"路易·威登＝锁＝牢固"等一系列的联想。

此外，路易·威登箱包的基本形状由一块布料围一周而成，侧面的布料绕过底部到另一侧面为止，从把手开始连接的皮带也同样需要在箱包底部绕一圈，与在底面上留下接缝相比，这种一体化的制作工艺不用担心箱包开裂，即使是外行人也会觉得箱包非常的结实。同时，箱包底部钉有底饰钉，可以有效防止底部布料直接接触地面。这种外行人显而易见的结实和高质量，真的是一种容易让顾客明白的方法，正是这点让消费者联想到路易·威登的"传说"，并且更容易舒缓消费者付款时的"心痛"。我认为这种"通俗易懂"的商品展示方法是路易·威登商业战略的基础。

在销售价格上，路易·威登定价时绝不采用"尾数定价"策略。尾数定价是指不采用如1万日元等可以轻易区分价格区间的整数价格，而采用如9980日元等带尾数的价格。为了让消费者多少可以感受到价格实惠，这种定价方法在全球范围内广泛存在。但路易·威登不使用尾数定价，作为奢侈品品牌如果在消费者的心目中存有尾数的印象，那么消费者的购买心情肯定会受到不良影响。

另一方面，路易·威登也没有采用"声望定价"策略，即没有采用消费者能够明显感觉到的高价来彰显其品牌的高质量。路易·威登原本是生产行李箱的公司，作为接单生产的商业模式，它的产品价格一直是根据客户订单的单个行李箱所累积的成本，如原材料成本和人工费等，再乘以一定的比率来制定。路易·威登现在的定价策略仍然与过去大致相同，在所有的商品生产成本的基础上统一乘以一个相同的固定比率系数（即毛利润率），之后再稍加调整确定最终价格（关于路易·威登的价格策略后文中有详细叙述）。在这个意义上，路易·威登产品的定价是非常诚实的。

如此一来，作为奢侈品品牌的"易理解度"又提高了路易·威登"传说"的可信度。

图5 路易·威登意大利米兰店(作者拍摄)

图 6　路易·威登意大利米兰店（作者拍摄）

第3章　源自日本的流通革命

进军海外的起点——日本

至今为止，日本是路易·威登在全球范围内最大的市场。事实上，路易·威登和日本一直有着很深的渊源，这要从 1978 年路易·威登将日本选作正式进军全球市场的第一站说起。

市场规模之外，路易·威登在日本采用的流通、价格、市场营销等战略，大多成为了日后路易·威登全球业务的参照标准。也就是说，在日本，路易·威登确立了很多"革命性"的品牌战略。

20 世纪 70 年代，海外品牌箱包在日本开始受到大众欢迎，路易·威登创业以来一直深受世界各地消费者的喜爱，随着赴海外旅行日本人数的增多，路易·威登这个品牌在逐渐富裕起来的日本国内广为人知。

当时，路易·威登只在法国设有店铺，日本的进口商注意到了这一点，在法国购买了商品然后在日本以原价三四倍的高价出售，各种进口商如雨后春笋般涌现，他们认为稀有商品理当高价，因而提高售价疯狂攫取利润。随之而来的是仿冒品充斥市场，这种假货商人多如牛毛的情况发生在 20 世纪 70 年代。

当时的日本市场上，由外资开设的零售店数量非常有限，即使通过正规的流通渠道，如贸易公司、批发商、百货店等，从欧洲进口路易·威登的商品，最终的售价也是原产地价格的 2.2 至 2.5 倍。在商品供不应求的情况下，水货商贩也就异常活跃。

如果扮作普通游客，日本人在路易·威登巴黎总店一次性购买大量产品，并顺利带回日本，就能以极高的价格售出产品。大概是因为越来越多的人得知这一营利方式，日本的水货商贩们蜂拥至巴黎的路易·威登店铺，排长队购买所需要的商品。另外，因为在巴黎购买产品的价格比日本低很多，日本的游客们也开始加入到这一排队的行列。

日本人的疯狂购买虽然增加了店铺的营业额，但也成为一个令人困扰的问题。当时的路易·威登仍然是家族企业，采取稳妥的经营方针，只在巴黎和尼斯开设了两家店铺。日本人在店前排起长队购买产品，并将其带回国高价出售的情况，并没有让路易·威登的经营者欢欣鼓舞，路易·威登家族一直坚持"以对品质的执着，生产优质产品，并向顾客出售"这一质朴稳健的经营风格，其结果是路易·威登对日本顾客进行了销售限制。

同时，路易·威登管理层委托美国大型会计师事务所毕马威公司调查日本市场究竟发生了什么变化。当时有一位负责会计系统的日本人在毕马威东京事务所工作，他从美国一流的商业学校毕业后就职于毕马威事务所，在随团赴欧洲参观调查零售业的条形码实施状况时，碰巧法国分公司的同事接受路易·威登的委托，因此邀请他一起对日本市场进行相关调查。此人就是日后担任路易·威登集团日本公司社长兼首席执行官至 2006 年的秦乡次郎。

　　秦乡次郎主导了此次市场调查，分析了扭曲的日本市场状况，并建议路易·威登直接进入日本市场并控制产品的销售，从而开展正常的商业活动。此后，秦乡次郎出任日本分公司社长。1978年，路易·威登日本分店正式成立（后改为路易·威登日本，现为 LVJ 集团）。

　　前文曾提到，当时的日本由于正规渠道提供的商品无法满足市场需要，因此，商家以高级品牌商品的稀缺性为煽动理由高价出售商品，且各店铺售价也参差不齐。

　　如此一来，路易·威登家族经过多年培养而成的"顾客信任"就无法传递到日本市场。为此，秦乡次郎社长承担了路易·威登在日本市场的重要使命，一是规范路易·威登商品销售渠道，二是以正当价格出售路易·威登商品。

开设百货商场品牌专柜的挑战

1978 年，路易·威登在日本注册法人企业——日本分公司，秦乡次郎接受日本分公司的社长任命，在日本开设了第 1 家路易·威登零售店铺，此事实际上是对日本传统商业模式的一大改革。秦乡次郎计划彻底改变既存的批发商与零售商的关系，从而实施理想的商业模式。

秦乡次郎非常重视构建新的流通体系，即构建一个可以完全体现路易·威登制造理念、品牌形象和灵魂的流通体系。因此，他尝试挑战日本的商业传统，并着手创建新的流通体制。虽然，秦乡次郎拥有专业咨询顾问的职业背景，却对流通和品牌管理完全不懂，或许正因为如此，他才能完成这一重大改革。

路易·威登首先在东京、大阪开设了 6 家店铺，包括高岛屋东京店、高岛屋日升赤阪店、西武百货涩谷店、西武百货 PISA 大阪皇家酒店店、安妮皇家阪急 17 号街店、大阪高岛屋百货店。这些店铺全部以"店中店"的形式设在百货商场或酒店内。虽然，在百货店的楼层中开设品牌店中店现在已经是业内的普遍做法，但在当时几乎是不可能实现的店铺形态。

在百货商场内开店无疑是提高进口品牌知名度和认知度的一条捷径，即使现在也是如此。当时，百货商场拥有很大的权力，以百货商场的经营模式运行，即商场自主进货、设置柜台并展开销售，这在当时是理所当然之事。这种流通模式可以这样描述：百货店是销售的主导者，各品牌仅仅充当部分商品的供应商角色。

在日本市场缺乏业绩的进口品牌，通常只能从百货商场的一般柜台起步，当然只能得到一块很小的营业空间，有时甚至小到无法传达品牌的形象，但即使为了获得这么一点有限的空间，品牌方也必须努力地向百货公司争取。在获得来之不易的营业空间后，百货公司会开始进货，随着产品被消费者接纳，渐渐获得消费者的支持并取得一定的销售业绩，品牌在百货商场的空间也会逐渐扩大。在品牌的成长过程中消费者也随之成长，再加上促销活动，品牌认知度也会相应提升，品牌就这样渐渐地树立起来。这就是当时百货公司典型的品牌商品运营模式。

对于当时的路易·威登而言，已经不需要再特意提高品牌的认知度和知名度。日本的周刊杂志曾如此报道："在巴黎总店，日本人常常需要排队才能进入店内，并且受到购物时间的限制，即使最终进入店铺也未必能够买到想要的商品。而且，巴黎的店员态度有些傲慢，服务也不好。"这是一个路易·威登的稀少性越来越显著的时代。

路易·威登开店之时，秦乡次郎首先考虑利用百货商场的地理位置和知名度，但是，他很快意识到，如果采用传统的百货商场经营模式，就无法达到用品牌制定的合理价格销售商品、驱除高价销售的水货商贩和仿冒品等目的。

　　日本的流通模式与保险相类似，以分散库存风险为目的。当时的品牌商业模式大多为依靠总代理公司的独立进口模式，或允许使用品牌名的"授权生产"模式，从未出现过外国品牌直接在日本销售的先例，而代理商介入其间的销售方式，则提高了中间的交易成本。对此，秦乡次郎的做法是消除中间交易成本，这意味着取消代理商，在日本百货店和巴黎之间直接进行交易。他认为这样一来，可以形成以合理价格产品的销售体系。

震惊业界的正规店降价策略

设有路易·威登专卖店的各百货公司，对路易·威登的产品承担各项责任，完全不经过中间环节直接自主地通过各公司的巴黎分公司采购路易·威登产品。秦乡次郎创造的崭新商业模式就从这里开始。

路易·威登日本公司不需要承担产品进口代理的职能，取而代之的是承担"品牌管理"的重要职责，如提出抵制仿冒品及非正规进口公司的对策等。路易·威登的品牌管理范围之广前所未有，甚至令百货公司吃惊，其内容从店内的装饰开始到价格设定、包装、价格标签的设计、广告等，甚至包含各百货公司销售人员的制服和培训等，都全部由路易·威登日本公司负责。

简而言之，这种模式就是百货公司从巴黎采购商品，在路易·威登风格的专卖店中，由路易·威登的员工（当时是通过路易·威登培训的百货公司的员工）进行销售。不通过进口商，直接从巴黎采购商品，路易·威登保有价格决定权且管理销售现场，这意味着"由路易·威登支配流通和价格"。

这是一场流通革命，当时在日本没有一家厂商能够做到这一点，甚至没有厂商试图这样做。但是秦乡次郎却认为，如果不这样做就无法规范路易·威登产品的销售渠道，也不能在日本市场以合理价格销售产品。

有一则趣闻足以说明这一流通革命是何等的大胆。趣闻中，路易·威登的商品竟然"降价"了。当时日本市场大多以巴黎售价的 3 至 4 倍销售路易·威登的产品，秦乡次郎在综合考虑各种进口费用后，决定将"合理价格"定为巴黎售价的 1.4 倍，亦即直接降了近一半的价格。

如此一来，消费者到路易·威登的专卖店购买商品比在进口商那儿更为便宜，其他公司顿时大惊失色。一般而言，公司哪怕轻微地抬高售价，也可以明显带来营利。但是，秦乡次郎坚持贯彻路易·威登的思想，"希望以合理价格做持久生意"。

当初，类似于"会不会是因为价格太高，销售困难才降价"之类的谣言也时有耳闻。但是，强调合理价格，坚持合理定价，是为了构建能够让消费者放心购买的可信任机制。由此，水货商贩们的暴利产业自然也就无以为继了。

"高价品"和"高级品"的区别

开设直营专卖店以及为实现价格合理化而大胆降价等举动,使路易·威登日本公司受到了来自同行相当激烈的指责,以水货商贩为代表的其他零售业者视路易·威登为大甩卖的商户。当时的主流观点认为高级商品理所当然是高售价,刻意将定价设置为一般人即便喜爱也无力承受的高价,以此强化稀少性的商业手法是市场默认的。

路易·威登却与此常识背道而驰,引进直营专卖店模式,通过直营店主动下调了日本国内的产品售价。但是,降价策略使路易·威登的产品受到了日本女性的热烈欢迎。百货公司起初对秦乡次郎提出的方式不是很赞同,然而,随着以合理价格进行销售的专卖店的开张,女性消费者们蜂拥而至,销售额也以惊人的速度急剧增长。

就这样,路易·威登从此与"高级品等于高价品"的粗放经营方式分道扬镳,日本人也渐渐了解了品牌的诚实商业风格。换言之,路易·威登传达了"高价品"和"高级品"的不同之处,使消费者了解到具有历史和传统的真正奢侈品品牌不会倚仗品牌力操纵价格。这样,路易·威登在日本取得了品牌经营的钥匙,即"信任"。

那以后，众多品牌采用了相同的销售策略，这一策略毋庸置疑起源于路易·威登在日本开创的直营专卖店模式。路易·威登在日本施行的全新商业模式，其后以各种方式被广泛应用于全球市场。路易·威登开创了实施经营铁律之方法的历史，即不受传统习惯和既有方式的束缚，采用正确的策略不断应对新的挑战，这进一步强化了路易·威登的品牌。

在客户需求多元化且瞬息万变的流通环境下，不断调整业态使之符合时代的要求是现代企业的宿命。我认为从路易·威登品牌，无论是它过去所作的还是正打算做的，我们可以学到很多。

图7 路易·威登比利时布鲁塞尔店(作者拍摄)

图 8　路易·威登瑞士日内瓦店（作者拍摄）

第4章 创建"品牌信任"

"合理定价"产生品牌信任

　　路易·威登在日本消费者中获得了作为奢侈品品牌的极大信任，我认为最重要的理由之一就是"合理定价"。如前所述，为坚守合理价格而采用"巴黎的1.4倍定价"事实上调低了价格，让消费者既大感惊讶，又觉得庆幸。

　　产品价格取决于原材料与配件采购、工厂生产过程、流通、关税等各项费用的总和，如果每个流程及环节都要求高品质，则所需费用就会增加，价格也会相应提高。所以，价格代表了产品质量，合理的市场价格也由此得出。

　　奢侈品品牌、服装企业和服装零售业的定价方法主要有三类，即"成本导向定价法"、"需求导向定价法"和"竞争导向定价法"，当然，上述方法也可以混合使用。由此确定的价格，在实际商业运行过程中，还会被不停地调整。

　　路易·威登采用成本乘以一定比率来设定价格，即"成本加成定价"或"溢价定价"。人们一直好奇于这个"一定比率"究竟是百分之几，是否所有商品都采用相同比率等，虽然也有人做过一些推测，但这显然是企业机密不得而知。当然，路易·威登的定价并不是单纯地乘以一定比率的数字，而是综合考虑各种因素后的定价，但基本上是采用基于成本的计算方法。价格设定时最重要的是顾客对商品价值的认可，以及顾客满意度和价格之间的平衡，路易·威登显然非常擅长对此进行微调。

　　通常，服装品牌产品的定价难度相当大，正因为如此，在推出令人信服的"合理价格"时，顾客的满意度会随之提高，价格控制也成为产生品牌信赖的原因。

创业以来从不打折的品牌

还要特别指出，路易·威登价格策略的核心是"对所有顾客以相同的价格销售"。

日本时尚业界每年在冬季、夏季举行两次盛大活动，分别集中在1月和7月的季末大减价。日本人特别喜欢打折，所以，商家们也会花大力气进行减价促销。

并不是所有的商品都能以正常价格销售完，所以在打折促销时要尽可能地销售库存。因此，买手在实际采购商品时需要考虑到打折促销的货品构成，如果不做这样的货品计划，在大减价时就有可能无法设置促销专柜。

打折促销活动可以称为时尚业界的季节风景线，但路易·威登一贯不参与其中。创业以来的155年，路易·威登一次也没有举行过清仓促销。

那么，从购买方来看，路易·威登的从不促销又会产生怎样的效果呢？自己所拥有的产品始终不降价，顾客会由此产生极大的安全感，从而形成即使价格很高也想购买的消费心理。自己拥有的路易·威登产品，即使时间流逝也不会过时，永远保持着新鲜的价值，这一承诺无疑给予顾客很强的信任感和安全感。

但是，库存是一个令企业经营者们头痛的问题，如果是停产的商品则更是如此。"不降价""不打折"说起来简单，但事实上总有希望降价销售的顾客存在，且其他制造商和流通企业都在打折销售，考虑到客户、业界常规以及库存，很多品牌往往不得不降价促销。由此可见，路易·威登自创业以来的155年间一直坚持"不打折"并不是一件轻而易举的事情。

而且，日本的流通业界还存在一种表面不降价销售、实际却给予消费者折扣的促销手法，如百货商场的积分卡等。路易·威登不参与任何的积分卡优惠活动,彻底地贯彻"不打折"原则（日本商场的积分卡是一种常见的促销手段。消费者可以免费或支付一定押金办理百货商场或电器店的积分卡，通过购买商品积分。通常每消费100或200日元积1分，在下笔交易中1分可以与1日元等值使用，即每积1分=1日元。零售商会定期或不定期地举行积分促销活动，如5倍、10倍积分或积分赠送等）。

先前提到的秦乡次郎在与三越百货协商开店事宜时，反复强调"无论怎样的顾客都要以相同价格销售"，这一不打折制度应该从三越百货开始。他最终说服了三越百货，路易·威登不参与三越百货的折扣卡和积分等活动。

这是一种建立在"以相同价格销售给所有顾客"理念之上的信赖。换个角度讲，这也显示了路易·威登即使不降价促销也具有经营基础的强大实力。这个原则在巴黎也是同样的，例如游客们获赠的折扣优惠券中，一定不包括路易·威登。

可能有些画蛇添足，但还是有必要提一下，路易·威登的免税手续需要特别处理。在巴黎的老佛爷百货店，其他品牌只要在结算时总额达到规定金额就可以办理免税手续，但路易·威登却是个例外，在办理免税手续时不能和其他品牌的商品一起结算免税。也就是说，在免税手续的相关文件上，路易·威登和其他品牌是分开记载的。

汇率变动时的价格调整

　　路易·威登虽然不降价促销，但实际上也会有降价的情况。这种情况下往往是店内商品价格的整体下调，当然也有整体上调，这就是价格调整。随时进行价格调整也是路易·威登的一大特色。

　　例如，几年前曾发生过欧元汇率同比前一年上升 13% ~ 14% 的情况，这在很大程度上影响了从欧洲进口的商品价格。由于汇率变动会直接影响采购价格，故各品牌都必须积极应对。但是，不同奢侈品品牌的应对措施各有差异，有些品牌采取"依据汇率变动，参照总公司的定价变更实际销售价格"；而有些品牌则采用"不随汇率的变动而调整价格"的方法；还有一些品牌采取"根据采购价设定销售价格，并参考采购时的汇率"的方法。

　　如果品牌商品中时装所占的比例较高，那么每季都会推出很多新商品，拥有引领潮流的设计和面料，其产品的销售价格大多每季都会有不同的设定值。与之相对，那些定型商品比例较高的品牌，如鞋类、箱包类、配饰类等，特别是那些根据汇率变动设定价格的品牌，即使在当季销售过程中也有可能进行价格调整。路易·威登就属于这种状况，因此，商品销售过程中会出现价格上下浮动的现象，即在欧元走高的情况下在日本的产品销售价格会上涨，反之如果日元升值则在日本销售的产品价格会下降。

　　媒体报道中经常使用"强硬的价格策略"来描述路易·威登。即使日本国内经济不景气，但如果汇率变化欧元走强的时候，路易·威登仍然会调高售价，事实上，在过去 5 年间曾经出现过有个别商品价格上涨超过 6 成的事例。但这并不是因为路易·威登在日本大受欢迎而采取强硬的价格策略，只不过是路易·威登一直坚守的合理价格随着汇率的变动而调整。路易·威登的原则是"无论任何情况下，都要将自己制定的规则坚持到底"。

必定事先公告的价格变动

　　实际上，路易·威登过去有过 30 次以上的价格调整，但它一直坚持将在日本的零售价格设定为法国当地价格的 1.4 倍这一原则，这个原则至今未变。

　　如果提价，路易·威登一定会事前发布公告，绝对不会突然调整价格。如果是在路易·威登的顾客名单中有登记的顾客，基本上都会事先收到价格上涨的通知。店铺里，也会在陈列架上放置写有"因汇率变动，于某月某日开始调整价格"的告示牌。

　　因汇率变动而提价是没办法的事，但做到不突然涨价这一点可以说是路易·威登一流的营销技巧。这么做是为了让顾客明白，路易·威登调整价格并不是为了增加收益，而是因为汇率变动的缘故，这样顾客也会认可基于合理价格原则的售价了。进而，路易·威登实际上向消费者传达了它始终坚持合理价格这一原则的信息。

　　提前获知提价的消息，顾客也能从中受益，因为他们可以在价格上涨之前购买产品。提前公告对路易·威登来说也是件好事，因为顾客赶在提价前购买会使销售额增加，这也可以抵消涨价后消费者观望产生的销售额下降的影响。也就是说，涨价不会破坏顾客对品牌的信赖，同时品牌收益也会增加，这就是路易·威登使人敬畏的独一无二的商业模式。

消费者对价格敏感，降价姑且不论，对于涨价则异常敏感。由于售价会随着汇率波动而调整，所以，如果消费者想以较低的价格购买产品，其实只要等日元强势欧元疲软的时候购买就可以了，因为路易·威登品牌不会消失。

顺便提一下，从 2008 年年底开始，或许是考虑到世界经济危机的影响，有些奢侈品品牌并非基于汇率变动的原因将价格一律下调若干百分点，此举或许是想通过价格微调来提高消费者的购买欲，对此路易·威登不跟风也不为所动。

拒绝容易赚钱的"二线品牌"

消费者对路易·威登的信赖，大多包含了"不单纯以营利为目标"的印象。事实上，路易·威登执着于合理价格就是基于此理念，并且贯彻始终。

举例来看，现在很多奢侈品品牌竞相打造品牌的低价版，其中之一就是"二线品牌"，这是比主线品牌价格相对低廉的产品线。"二线品牌"在美国非常盛行。这里我想提醒的是，两者之间其实是"价值导向"品牌和"营销导向"品牌的区别。

"价值导向"的品牌大多尊重品牌的历史积淀，相比机械化的批量生产，品牌会更重视传统的"匠心"（或称职人精神）。拥有 100 多年历史的以价值为目标的品牌一般都集中产生在欧洲。

"营销导向"的品牌会同等对待市场营销手段和品牌的历史积淀，甚或更重视营销。而市场营销这种理念诞生于 20 世纪初的美国，至今尚不足 100 年。

爱马仕可以说是最强调价值导向的品牌，时至今日它仍然没有"市场营销"部门，甚至可以说根本无此概念。与此相比，路易·威登和香奈儿品牌，它们在强调价值导向的同时，也熟练地使用营销手法。

此外，也有原本是价值导向的品牌，但在发展过程中营销导向日益强化的，例如古驰和普拉达。古驰可以说是已经几乎全部舍弃了原有价值要素，在近年借助美国设计师之手再度兴起的品牌。普拉达虽然原本也是价值导向的品牌，但如果仅以近年发展势头强劲的黑色尼龙系列产品来看，也可以认为它是一个只有几十年历史的新品牌。

品牌创立或重建以来的历史较短，可以说是以营销为目标品牌的共同点。对于建立品牌来讲，时间和历史的积淀，甚而言之"品牌传说"都是重要因素。新兴品牌因为缺少可依赖的历史和"传说"，为了成为一流品牌只能依靠营销手段来取代"传说"，并通过精确把握时代需求的营销来逆转不利形势，除此别无他法。

从市场营销的角度来看，为了那些无力购买具有尊贵价值的高价奢侈品的消费者，应该生产并销售低价系列产品，这就是"二线品牌"的逻辑构成。

但是，"价值导向"品牌的逻辑构成与此恰恰相反。欧洲的品牌商品从根源上来讲是面向贵族和统治阶级的商品，平民百姓一般不会购买此类品牌的商品，这种风气在欧洲至今仍然存在。"价值导向"的品牌也不会为了那些消费能力较弱的顾客而特意降低价格。他们只向消费者表明自身的态度，即"买不起不买也没有关系。请在拥有与品牌相当的身份后再来购买"而已。

这种态度与"市场导向"（顾客是上帝）的理论截然相反，可以说是"产品导向"（贵族生意）的经营方式，它无视大众的需求且不提供相应商品，而将所有精力投入到维系上层人士大主顾这件事上。

但是，这种做法也自有其深意，它酝酿出一种对"上流社会世界"的憧憬。以此角度来看，仅靠探寻消费者的需求并满足消费者的营销手法，并不是一个有效的方法，倒不如索性抛开这些，去营造一种"总有一天我也会做到"的憧憬。这其实是一种管理顾客忠诚度的方法，而且正是这种憧憬将长久保持人们对奢侈品品牌的信赖。

积极的商业策略——"不为"和"中止"

　　路易·威登之所以没有二线品牌，我认为是市场策略的一种考虑。从这个意义上来看，这么做的目的，坦白地说，就是保护顾客对品牌的信任。

　　奢侈品品牌的二线品牌就是面向大众的廉价版，是与其价格相适应的质量稍低的商品，直白地说就是便宜货。价值导向品牌绝对不能生产廉价商品，路易·威登绝不允许出现打着它名号的廉价商品。价值导向品牌的高档奢侈品，究其本质必须保持"高不可攀"的属性。

　　讲述品牌理论时经常会提到"向下扩张"这个观点，该观点认为扩大品牌的目标消费群，促进品牌扩张是正确的。价值导向品牌以及奢侈品品牌的"向下扩张"意味着拥有或增加二线品牌，但我认为"向下扩张"是有一定限度的，品牌今后的发展应直面"不向下扩张并能创造价值"这个挑战，并推进相关的品牌研究。

　　例如，并非积极地去做些什么，而是积极地"不为"或"中止"。事实上，路易·威登即通过不降价策略、不设立二线品牌等形式在努力地践行这个原则，它深知"不向下扩张并能创造价值"的奥秘，并由此获得顾客的信任，提高品牌的价值。路易·威登决不会选择仅以营利为考量的目标，而是凭着不盲目扩张品牌的勇气,将品牌事业日益壮大。路易·威登的成功事例就摆在我们面前。

从"积极地不作为"这一观点来看,我认为还应该说明一下"绝不进行品牌授权生产"这件事。品牌授权生产是指品牌公司给其他公司开发的产品授予品牌的使用权,并获得一定的权利金,被授权公司可以按照自己的规格参数进行生产,也就是人们常说的授权经营。

从品牌授权方来看,只需向生产商出借品牌名,就可以展开各种产品的经营。实际上,这种方式也被称为品牌所有者的"毒品",因为品牌公司自己什么也不做就能获得品牌的授权费,这是品牌营利的最快方法。

然而,授权生产虽然能够让品牌在短期内盈利,但随着品牌名的泛滥,会出现消费者使用不合心意的产品等现象,有可能严重损害珍贵的品牌形象。所以,路易·威登坚决不采用这一方式,在过去的 155 年间,它从没有进行过任何形式的授权生产,这一做法也在逐渐成为路易酩轩集团各核心品牌运营管理的原则,即不进行授权生产,公司自身管理所有的品牌业务。

当然,只要具有品牌价值,品牌授权就能够成立。但是,如果相同的商标(LOGO)同时出现在价格昂贵的礼服和廉价的厕所用拖鞋上,那么想要维持高级品牌的价值将非常困难。品牌授权可以在短期内利用品牌价值产生巨大收益,但长此以往最终会降低品牌价值。在日本也有知名品牌曾经盲目授权,以致其日后经营陷入困境。

所以,品牌价值的损害,对于拥有该品牌商品的顾客而言就意味着品牌价值的损毁。品牌所有者一旦抵挡不住授权这一"毒品"的诱惑,选择仅以营利为目标,该品牌就失去了顾客的信任。

路易·威登在坚决维护客户信任这一点上可谓不遗余力。简而言之,路易·威登的决策着眼于"用长期发展的眼光来看"这一点上。不只考虑眼前的利益,还希望将品牌价值一代代地传递下去,这是路易·威登的基本原则。

贯彻始终的维修服务强化品牌力

　　谈到奢侈品品牌如何赢得顾客信赖这个问题，不可避免地要提到产品的维修服务。路易·威登的产品维修服务久负盛名，它使品牌号召力更加稳定持久，营造出更可信赖品牌的氛围。

　　越是路易·威登产品的喜好者或回头客就越了解路易·威登对修理的要求之高。我相信，只要使这些顾客感到满意，并长期使用路易·威登的产品，他们对品牌的忠诚度自然也就提高了。

　　路易·威登是依靠工匠手工制作并专注于产品制造工艺的品牌。它采用从工厂到销售一条龙的管理体制，其中，甚至还包括在法国的阿尼埃尔地区培养优秀工匠的学校制度。当然，它的售后服务体系也相当完善，路易·威登拥有其他品牌无法企及的"维修策略"。

　　在路易·威登的官方网页上这样写道："在维修服务中，即使是一针一线，路易·威登都使用与巴黎相同的部件，然后由技艺娴熟的工匠来完成维修工作。此外，路易·威登在提供维修服务时，会直接与客户商量维修的具体内容，在此基础上再细心地逐一修复。用心维修，满足顾客对所喜爱产品的要求，这让我们感到非常愉快。"

　　有关维修的服务，路易·威登的官网上刊载着周全细致的介绍和说明。事实上，几乎所有的店铺都有专业人员负责维修服务。

除此之外，路易·威登也受理邮寄维修，并提供维修品的质量检验等检测服务。

顾客判断商品的标准简单来说可以概括为两点，即"产品性能的好坏"和"经久耐用程度"。而维修服务制度可以很好地实现经久耐用这一点，同时，它还能够向消费者传达这样的信息，那就是路易·威登的产品可以做到"优质产品经久耐用"。

但是，创建维修服务体系并不像想象中那么简单。随着新商品的不断问世，老款的商品零配件和已经不大使用的配件等的库存变得越来越少，同时，维修信息的管理也成为一个难题。当五年或者十年前的产品被送回维修时，极有可能出现缺少修理配件、缺乏制作信息和专业技术的情况。因此，品牌要想维持长期的维修体系，就必需举公司之力全力应对，路易·威登一直为此努力实践着。

在可以维修的路易·威登箱包和无法维修的其他品牌箱包之间，消费者会认为哪一种更经久耐用呢？实际上，大多数消费者都认为"因为路易·威登提供维修服务，所以即使产品受到损坏，只要维修一下就能栩栩如新，因此可以长时间使用，甚至将来可以把它留给自己的孩子使用。"

如此一来，路易·威登的顾客们就能够一生都使用它的产品，极少有顾客舍弃它。这就是为什么在路易·威登的店铺经常会看到母亲带着女儿来光顾的原因。在奢侈品的店铺里面能够看到有那么多顾客偕同家人来店的场景，大概也就只有路易·威登了吧。

图9 路易·威登德国慕尼黑店(作者拍摄)

图 10　路易·威登西班牙巴塞罗那店（作者拍摄）

第5章 "品牌形象"的传播方法

终端店铺整体呈现路易·威登世界观

路易·威登在日本迈出了品牌进军海外市场的第一步，秦乡次郎社长在日本采用的"掌控价格和流通"的管理方式，其后渐渐广泛应用于路易·威登的全球性战略。

关于流通还有一点需要说明，那就是起源于日本的、作为商品销售终端"店铺"的内外装修及其运营策略，无疑为路易·威登品牌形象的树立作出了巨大贡献。

路易·威登为了向全世界的女性传递其品牌理念，包括产品一流、历史与传统悠久，需要建立具有特色的店铺及店铺经营策略。正因为拥有了独特的店铺策略，路易·威登才能成功树立"正确的"品牌形象。

在进入日本市场的初期，路易·威登从6家百货商场和宾馆内的专柜开始起步。专柜在商场楼层的一角，并以隔断墙围住，专柜内只销售路易·威登的产品。当时，这种"品牌专柜"还十分罕见，路易·威登更是在内部装修、道具、地毯等方面呈现与法国店铺相同的路易·威登的世界观，并对所有的细节进行统一，包括从优雅的家具到购物袋。

现在，几乎所有奢侈品品牌都采用这种品牌专柜的形式入驻百货商场。但是，正像前面提到的那样，在30年前的日本，这几乎是不可能实现的入驻商场形式。当时，由百货商场选择商品、在百货商场设计的柜台、由百货商场的员工进行销售，所有人都认为这样做是理所应当的。

但是，秦乡次郎认为仅仅依靠商品的陈列不能向消费者展示路易·威登品牌的世界观。于是，他一直致力于发挥店铺整体的效果来传达品牌的形象与理念。

由于路易·威登店铺内具有和法国店铺相同的氛围，到处弥漫着地道的路易·威登味道。这样的店铺，在那个售价高达原价三四倍的水货横行的时代，向消费者发出"路易·威登正品在此销售"的信息，奠定了其具有决定性的差异化竞争优势。

我想日本人在那时也是第一次体验到地道的欧洲奢侈品品牌散发出的高级、华丽、严谨的氛围。这种感觉上的冲击之大，即使现在仍无法想象。所以，当日本人第一次见到"品牌正品销售店铺"时，不禁大为惊叹，纷纷为之吸引。

非黄金位置不设店铺

通过合理定价的策略，路易·威登从进入日本市场起就以势如破竹的速度快速成长。最初，百货商场对路易·威登的销售专柜入驻方式并不十分赞同，但对于他们而言，欧洲高档时尚品牌具有很高的价值。因此，在秦乡次郎多次耐心的洽谈后，路易·威登终于实现了以新形式入驻商场的创举。此后，任何百货商场基于路易·威登的受欢迎程度和高销售额，都对这一入驻形式作出了让步。

更加值得关注的是，路易·威登在入驻百货商场时，每次都要确保取得一楼的"黄金位置"，或许可以反过来说，路易·威登非"黄金位置"不入驻。路易·威登坚定地认为如果入驻条件不够理想，就无法体现品牌的世界观。正是因为这样的一种执着，店铺才能成功地发挥树立品牌形象的重要作用。

要说路易·威登对店铺策略的重视程度，有这么一个小插曲。2000年，路易·威登扩大品牌专柜面积的请求遭到大丸京都店的拒绝，最终，路易·威登撤走了该商场的专柜。随后，因为路易·威登的撤柜大丸京都店的销售额急速下降。于是，2004年，大丸方面将商场的分馆提供给路易·威登开店，双方最终达成了和解。

伊势丹百货公司一贯用独特的眼光选择和陈列商品，专注于

"自主组合的商场设计",避免成为向品牌"出借场地"的百货商场。然而,2006年,伊势丹浦和店大规模装修之际,在一楼却出现了路易·威登面积宽敞的门店。这件事引起业内人士的私下感慨,"即使伊势丹也无法抵御路易·威登"。该店开业时,引起了人们的广泛关注,店铺前国道的混乱程度达到了需要实施交通管制的地步。

联手世界一流建筑师打造直营店

路易·威登在日本市场从 6 家店铺起步，随后逐渐增加百货商场专柜数量，销售额也不断增加。但是，在进入日本市场的 31 年间，路易·威登并不是一直采用同一种店铺形态。随着时代环境、品牌发展阶段，尤其是品牌战略等的变化，店铺必须不断升级与其相适应。反之，品牌就无法在激烈竞争中保证销售额的持续增长。竞争的世界就是如此残酷，停滞不前就意味着死亡。

路易·威登店铺策略的发展过程可称其为激烈变化的过程。在品牌导入期和培育期，它以百货商场品牌专柜的形式扩张发展。这种方式具有投资成本较低、铺店速度较快的特征，能够快速提高品牌认知度并增加销售业绩。

随着业绩的增长，路易·威登开始探索新的发展方式。1981 年，在 1978 年开出日本首家店铺后的第 3 年，路易·威登在日本国内的第一家直营沿街专卖店铺，即银座并木通店正式开张营业。由于沿街专卖店既能完美传达品牌的形象，又能获得良好的销售收益，所以此后路易·威登不断加大投资沿街专卖店这种店铺形式。这一时期，路易·威登在增加百货商场品牌专柜的同时，也陆续新开了一些直营沿街专卖店。

在第一家直营沿街专卖店的并木通店内，在正对并木通这条繁华大街的橱窗内装饰着最新款的箱包。消费者能够在整个一楼宽敞舒适的空间内，品味着与巴黎精品店相同的氛围，同时享受着购物的乐趣。这一度成为人们议论的焦点。

其后，路易·威登在开设直营专卖店的过程中，与世界一流的建筑设计师们合作，将全球范围内的店铺设计交付给这些引领现代建筑潮流的国内外建筑大师，由他们设计店铺的整体空间。这种合作又成为大众媒体的热点话题。

2002 年 9 月 1 日，坐落于东京的"路易·威登表参道大厦"正式开业，该店面积可以跻身路易·威登全球大型旗舰店之列，迄今也是日本最大的店铺。该大厦是路易·威登在全球的第一栋综合大楼，除了从地下一楼到地上四层的销售楼层外，还设有多用途空间的"LV 大厅"和面向顾客的国内首家"LV 沙龙"。这座大楼共 10 层，包括地上 8 层和地下 2 层，总建筑面积 3327 平方米。一年半后，路易·威登为纪念品牌创立 150 周年，在纽约第五大道开设了纽约旗舰店，在此以前，路易·威登表参道大厦是世界上最大规模的旗舰店。

1998 年，路易·威登首次参加女装和男装的世界时尚周，开始进军高级成衣领域。后文将会详细说明经由路易·威登的"时尚化"发展之路，品牌步入又一轮的成长扩张期。这里只想说明品牌时尚化的必要条件之一，就是与这个扩张战略相适应的超大型店铺。

　　日本国内第 44 家店铺的路易·威登表参道店，就是为实现这一战略开设的一间大型国际化店铺，店内不仅销售箱包，还出售高级成衣、鞋、腕表等所有路易·威登的产品。店铺设计出自设计大赛中脱颖而出的新锐设计师青木淳之手。青木淳还参与了路易·威登名古屋荣店和松阪屋银座店的外观设计。他设计的路易·威登表参道店感觉就像随意堆放的传统行李箱的形象，这个设计方案因其崭新前卫曾轰动一时，在该店开业前就有多家媒体争先报道成为头条热点（图 11）。

　　两年后的 2004 年，即路易·威登创立 150 周年之际，银座并木通店由青木淳担当设计并重新装修营业。这间位于东京银座的路易·威登在日本的首家沿街专卖店，单层面积约为 230 平方米，在银座存在了 23 年后摇身一变，成为地下一层至地上五层总面积达到 2133 平方米的超大型店铺。

　　路易·威登之所以在东京表参道和银座开设沿街专卖店当然有它的理由，要知道这两个地段现在已经成为日本第一的时尚商圈。

　　银座是亚洲首屈一指的品牌商圈，高级品牌店铺鳞次栉比。人们认为，进口品牌精品店 SUN MOTOYAMA 银座本店（1964 年开业）和路易·威登并木通店（1981 年开业）的入驻拉开了这个品牌商圈发展的序幕。同时也是路易·威登和 SUN MOTOYAMA 把曾经作为东京文化中心的银座转变为世界品牌的

图11　2002年9月1日,日本最大的旗舰店(路易·威登表参道店)的综合大厦开业
　　　大厦的外观像随意堆放的传统行李箱,由青木淳设计(作者拍摄)

商业重镇。

表参道也同样如此。路易酩轩集团的路易·威登在此开店以后，旗下品牌例如芬迪、赛琳、唐娜·卡兰、罗威、克里斯汀·迪奥、绰美、豪雅等也都纷纷将店铺开设于此。当然，与此同时其他品牌，如古驰、普拉达、香奈儿、圣罗兰、阿玛尼、巴宝莉、克洛伊、拉尔夫·劳伦等品牌店铺也陆续在此开业。

不论是在东京的银座还是表参道或者青山，因商圈氛围与品牌形象相符，品牌被商圈氛围吸引而不断开设店铺，不断出现的品牌店铺又进一步提升这些街区的商圈形象，促使其他品牌加速在此开店，最终这些街区汇聚了更多的品牌店铺，形成商圈发展的良性循环。

路易·威登店铺入驻与地价上涨

对于奢侈品产业来说，日本市场是世界上屈指可数的高端市场。在日本，尤其是银座、表参道、青山等地方，是很多品牌无论如何也希望能够入驻的商圈。奢侈品品牌要想在全球范围内取得成功，就必须打开能够贡献很高销售额比率的日本市场，而东京的银座、表参道、青山就是日本的主战场。

银座是日本地价最高的区域，紧随其后的是一度价格暴涨的表参道、青山。其实，在20世纪90年代和2000年初，这些地段有很多当时比较容易购得的旧址空地，在此被迫关闭或迁址的是随着日本经济泡沫破灭而倒闭的金融机构等企业，这些空地的存在加快了这些地区转变为品牌商圈的进程。

其后，路易·威登逐渐开始向地方城市扩张。2007年，路易·威登入驻名古屋站前超高层大楼"美联广场"（MIDLAND SQUARE）的一楼和二楼两层，这间店铺总面积达897平方米，是日本东海地区最大的店铺，开业当天就有约2500人光顾。此店铺也是路易·威登在日本的第54家门店，第11家大型店铺。

扩张过程中，曾发生过因为路易·威登购买土地而导致大家看好该地段，从而引发周边土地价格急速上涨的情况。2006年6月，路易·威登日本公司以市场均价3倍以上的价格购得位于大阪市中心的瑞穗银行心斋桥分行的已关闭门店的土地约 750 平方米①。这宗交易公开后周边的地价一路飙升，甚至传出诸如"御堂筋因路易·威登而疯狂"之类的评价。不用说，路易·威登的开店改变了这个地区的商业形象。

日本的黄金地段同时也是亚洲的黄金地段。越来越多的游客以参观品牌商圈和世界上首屈一指的品牌旗舰店为目的赴日旅游，他们大多来自经济快速增长的亚洲国家。这也就是说，在品牌消费大国日本的黄金地段开设店铺，除营利外还具有显著提升品牌形象的作用。反过来说，只有财力雄厚的品牌，才具有在黄金地段开设店铺的能力，才能享受黄金地段带来的丰厚回报。

对于顾客来说，只能在限定店铺购买到某些商品这件事情本身也是一种价值。路易·威登提出"选择性销售"方式（一种销售限量高档商品的特殊营销方法，下文详述），由此营造出附加在商品上的高度价值感正是这种营销手法的强项。那种随处都能买到的商品是无法创造出巨大价值的。

一方面要避免过度曝光使品牌形象受损，另一方面要以较少的店铺数量覆盖尽可能多的商品种类，为了实现这些目标，各店铺就必须具有一定的规模，这就是奢侈品品牌的营销范式，路易·威登的大型国际化旗舰店策略就是一个绝好的例证。

---

① 根据《钻石周刊》2006年12月23日的报道。

　　每家店铺根据店铺所在区域的特点来改变店铺建筑的设计理念，并始终坚持设计创新，使得店铺本身引起媒体关注，这一营销手法为打造路易·威登品牌形象作出了巨大贡献。正因为每家店铺都拥有独自完整的理念，这种店铺才成为了公众关注的店铺。

　　这种店铺营销策略具有共同点，设计时既要彰显个性，又要与周边建筑物风格相协调。考虑到设计方案对所在商圈产生强烈的冲击，因此也需要重视个性与协调之间的平衡，这就是路易·威登的风格，这种姿态同时又提升了品牌形象。

持续不断的店铺改造和人才培养

　　路易·威登在推进店铺直营化、大型化的同时，也进行了对原有店铺的整理。1996 年，博多的岩田屋店和西武池袋店关闭；2000 年，涩谷东急本店和大丸京都店关闭（该店于 2004 年在京都大丸百货店分馆一楼重新开张）；2001 年，大丸心斋桥店关闭；2002 年，青山店和日升百货赤阪店、神户元町店等店铺关闭。

　　另一方面，也有一些店铺通过重新装修恢复活力。2003 年的名铁店、冈山高岛屋店、三越松山店、三越千叶店，2004 年的银座并木通店以及 2008 年的浜松远铁店，都属于此类店铺。

　　之所以如此调整店铺，是因为路易·威登进军时尚领域以及市场发生的微妙变化。路易·威登敏锐地觉察到了市场的变化，为了保持持续成长的目的而主动应变，因此品牌的店铺策略也随之不断变化。

　　即使是现在，路易·威登仍在店铺改革方面不懈努力。虽然已经拥有了稳定的销售额，但为谋求今后的发展，品牌必须不断推进店铺的升级改造，同时，这些改变并没有动摇基于品牌传统和历史的那些维护顾客信赖的策略。正是因为打下了扎实的根基，所以路易·威登才能挑战下一个高度。

　　路易·威登认为在传达品牌的世界观方面，人才与店铺同样重要。因为销售人员直接面对顾客，承担着熟悉路易·威登品牌知识并传递产品信息的角色。

路易·威登从进入日本之初开始，就非常着力于销售人员的培养教育。最初，由于路易·威登的员工人数严重不足，所有的店员都只能用百货商场的员工。但是，百货商场的员工并不隶属于路易·威登，所以公司无法按照自身的想法、目标教育员工。即使路易·威登向百货公司提出可以短期集中培训员工，也往往不能如愿。这种状况让路易·威登进退两难。

鉴于此，近年来路易·威登不断地录用数量众多的应届大学毕业生，制定了公司员工的培养计划。这些努力终于开花结果，目前国内所有的直营店店员都是公司员工，服务水平也获得业内人士很高的评价。

以来自百货商场穿着路易·威登制服的协助销售人员和公司内部直接培养的店员相比，若问哪一个更为理想，结果一目了然。不用说，本公司的员工在责任感、专业知识以及待客的热情等方面，较之商场员工有着明显的优势。

我认为也只有一直致力于品牌形象传播的路易·威登才能做到这一点。日本国内的直营店全部采用公司员工这一制度，体现了路易·威登传播品牌形象的执着。

顺便提一下，路易·威登的店员没有接待客人的工作手册。这或许是欧洲的风格，公司聘用高层次的人才，在悉心教育后，

The secret of
Louis Vuitton

把工作上的事情全权交予他们负责。这样一来，店员既不用压抑自己的个性，又可以机智发挥，想尽各种办法将工作做好。

在一流地段建造的一流设计的店铺里面，由一流的员工销售一流的商品，整个店铺的所有空间成为传达品牌形象最有效的场景，这就是路易·威登的想法。

如此一来，居住在日本 57 家店铺辐射范围内的人们，就拥有了足够的机会理解路易·威登的品牌形象。但是如果消费者家附近没有店铺又该怎么办呢？

对那些店铺辐射不到区域的顾客，路易·威登每年会印制商品的宣传册。这些商品宣传册包含大量商品信息，虽然单本售价为 1000 日元，但依然受到消费者欢迎，据说一经销售就被一抢而空。收费的商品宣传也能销售一空，这或许也是路易·威登特立独行的销售方法的一个明证。

事实上，居住在没有店铺的区域的人们当中，通过杂志、电视媒体等信息的影响而陷入痴迷状况的粉丝并不少见。路易·威登没有放弃具有消费潜力或者说是处于品牌饥饿地区的支持者。并且，也有人说正因为商品信息不是免费而是收费提供，反而增加了消费者对品牌的信赖感（图 12、图 13）。

图12 路易·威登上海店,经济快速发展的中国将是路易·威登未来的世界战略重
点(作者拍摄)

图13　路易·威登法国诺曼底杜维尔店2009年开业,店铺形象与周边街道的休闲风格
　　　协调(作者拍摄)

图14 路易·威登迪拜店(作者拍摄)

图 15　路易・威登新加坡店（作者拍摄）

第6章 敢于"不售"的广告策略

"不肯卖"却热卖的秘密

尽管经营企业的目的多种多样，但创造利润这一点肯定是不可或缺的。企业经营者希望能够盈利，期待消费者能够购买自己生产出的商品，并且商品能够大卖特卖。但是，商业世界的难处恰恰在于即使你降低姿态恳求消费者"请购买我的商品吧"，消费者也未必会买单，因为现实情况往往与经营者的主观愿望相去甚远。

路易·威登深知其中奥妙，因此，它做出一副"不肯卖"的"表情"，准确地说只是让人看上去不想积极销售。然而，不可思议之处恰恰就在路易·威登貌似"不肯卖"，结果商品却热卖畅销。

无论哪家奢侈品品牌都无比重视品牌形象，广告、宣传直至品牌传播策略，每一事项都具有无比重要的意义。路易·威登在这些事项上表现得更是出类拔萃。

The secret of
Louis Vuitton

路易·威登绝不仅仅依靠"献媚"于顾客来请求他们购买商品。当然，路易·威登和其他奢侈品品牌一样也会在媒体上刊登付费广告。但是，比起付费广告，路易·威登更注重形成热门话题，使自己的品牌或者商品出现在各种报纸、杂志以及其他大众媒体的版面上，达到宣传的目的。

付费广告和媒体报道，从使受众接受的角度来看具有很大的差异。比起"刊登付费广告"，"接受媒体的采访请求"这种方式更能吸引读者的关注。例如，我们可以对比一下杂志上登出的广告和专题报道。读者当然会聚精会神地阅读专题报道，但几乎没有人会专注地看广告吧，这是因为专题报道原本就是杂志的主打内容，当然会被用心打造，精良制作。并且，品牌如果出现在专题报道栏里，杂志的封面上就会大大地写上"本月特辑——路易·威登的××"等文字，而且地铁车厢里铺天盖地的海报中也会打出宣传广告。

但是，有一个问题值得关注，那就是广告只要付钱就能刊出，而媒体报道却不是这样。为了得到杂志等媒体的专题报道和公共宣传，公司平时就要与出版社以及杂志社编辑部等建立良好关系，为此，长期并且大量的广告投入，对于构建双方的友好信赖关系是非常必要的手段。

超豪华派对背后的强势品牌传播

2002 年 9 月，在路易·威登的世界最大旗舰店表参道店正式开业之际，路易·威登在前一天举办了盛大的纪念派对。对路易·威登而言，派对绝不是单纯的聚会那么简单，而是品牌在特定时间实施的品牌传播策略之活动。事实上，那场超豪华派对，有很多人通过电视综艺节目或者杂志看到了报道。

每当新店开业之时，路易·威登举办的豪华派对必定充满奢华感觉，必定众星云集。派对上聚集的人，不是演艺界巨星就是商界名流大腕，超奢华的盛宴本身就成为了公众关注的话题。正因为如此，路易·威登不举办小巧精致的派对，因为媒体对这种派对不感兴趣且不会报道。

因为是奢华盛事，所以越来越多的大众媒体会聚集并参与，随之而来的是相关报道大量涌现。于是，派对吸引更多的名流大腕参加，对于这些名流巨星来说，这同时也是在媒体上出镜亮相的好机会。

如此一来，电视的综艺节目、新闻报道以及时尚杂志等都会报道奢华派对的消息，这些报道成为路易·威登的品牌宣传和表参道店的广告。甚至有那么一段时间，几乎所有的电视频道、杂志，还有网络新闻都充满了路易·威登派对的报道。虽然奢华派对耗资巨大，但相比用相同的费用投放广告宣传，奢华派对的宣传效果当然更加显著。

　　一般来说，除非发生严重的丑闻事件，一个企业很难吸引众多的媒体来报道。但是，路易·威登的过人之处在于，它能够自在地掌控各类媒体，也就是说它能够吸引到媒体最关注的众多名流巨星，活动的规模方面绝不小打小闹，要办就举办让人震惊的超奢华派对，再加上路易·威登的奢华品牌形象，自然而然就能聚集各方人士，重大新闻也就由此产生了。

　　当然，派对之前为各类媒体提供充分的相关信息也非常关键。在开业前的准备阶段，为了烘托事前的报道气氛，路易·威登向杂志以及电视节目制作人提供了各种各样的相关信息，当然还需要准备开业当天可供宣传的焦点。在表参道店开业之时，路易·威登推出了各种限量商品，其中有作为路易·威登的产品新品类登场的，2002 年 7 月先于巴黎首发的腕表，该款腕表限量 50 个，每只售价 39 万日元；还有从 19 万日元的石英腕表到 100 万日元的自动上弦腕表；以及带有"OMOTESANDO 2002"（表参道 2002）字样皮革内衬的限量品手包等，这些都成为当时的热议话题。此外，还有字母组合图案系列的"Recital"和棋盘格系列的"Recoleta"手包各 1000 个等，也成为热点。

　　毫无疑问，有关这些商品的专题报道在派对之前就已经出现在杂志上面了，因此，新产品能够得到大众的关注，并增加公众对于店铺开业产生的"饥饿感"。同时，这种特别企划也有助于杂志充实专题报道的内容，增加版面篇幅。对于杂志而言，能够刊登读者想要阅读的内容也是他们乐见其成的事情。

经过上述一系列的准备与宣传，在新店开业前就充分激活了消费者的需求，且效果十分显著。表参道店正式开业前两晚就有人开始通宵排队等待，开业当天，店铺门前约有 1400 人排成了长达 1000 米的队伍，仅这一条就构成了新闻。开业当天共有约 2500 名顾客来店，创下了日销售额 1 亿 2500 万日元的骄人业绩，这件事也被媒体争相报道，随后更多的人们蜂拥而至。

自那以后，其他的奢侈品品牌旗舰店也相继开张，却没有再次出现路易·威登这样的专题报道和排队规模。

在表参道这一日本时尚聚集地开店的选址策略、设立世界最大店铺的开店策略、销售限量款的产品策略、举行奢华派对的广告策略，等等，路易·威登将这些策略发挥到了极致，形成了一时的话题热点，这就是路易·威登的品牌传播与推广。

派对广告并没有在开业后就结束，两个月后，路易·威登在表参道店 5 楼召开记者发布会，由于公司艺术设计总监马克·雅各布斯和日本艺术家村上隆两人的参加，发布会吸引了众多媒体的记者参加。发布会上，马克·雅各布斯和村上隆发表了由他们二人合作完成的全新彩色字母组合图案"EYE LOVE"系列。

路易·威登选择日本人村上隆作为第 3 年合作作品的合作对

象，无论是日本的一般消费者，还是时尚业界人士，甚至大众传媒，不管愿不愿意，他们的目光被成功地吸引到了表参道店，这件事注定成了被关注的焦点。

发布会后，马克·雅各布斯与记者共同参观村上隆的工作室，接下来在路易·威登的 LV 大厅举行欢迎派对，并且在派对即将结束之时，鲜少在大众面前露面的路易酩轩集团总裁伯纳德·阿诺特出现在派对现场，报道的话题如潮水般不断涌现。毋庸置疑，众多的时尚杂志纷纷把话题不断的路易·威登作为报道的重点。

此后，路易·威登仍然不断制造媒体话题，如在店内放映村上隆制作的动画、表参道店的特色展示等等。这种信息发布的手法让顾客和媒体不会产生厌倦，也是吸引顾客光顾店铺的绝妙策略（图16）。

图16　与村上隆合作设计的"彩色手袋"（东方 IC 提供）

密集的公共宣传和众多的顾客光顾并不是偶然的幸运，正相反，这些都是路易·威登品牌精准管理的结果。

此后的路易·威登也不缺话题，例如，2008年秋季路易·威登与川久保玲（Comme des Garçons）的合作；2009年春季路易·威登举办大型豪华派对，应邀参加的名人中有村上隆和秋元康等，甚至包括在当时还有些异类色彩的少女组合AKB48。

路易·威登将于2010年对外开放由弗兰克·盖里（Frank Owen Gehry）设计的巴黎路易·威登基金会艺术中心（Foundation Louis Vuitton）可以肯定，路易·威登今后仍将不断为媒体提供各种话题。

广告注重"丰富度"而非"广度"

〜〜〜〜〜〜

一般来说，广告的目的是广泛地传播信息。人们可以想到，最具影响力的是电视广告。但是，对于奢侈品品牌而言电视广告并非最合适的广告媒介，这是因为以 15 秒为一个单位的电视广告，会不断刷新人们的信息和印象，那些强烈的视觉冲击会一个接一个不断更新，电视的影像会不断地切换。

例如，路易·威登的广告出现在桶装方便面广告后面，会产生怎样的效果呢？在消费者头脑中残留的方便面的印象将会与他们对路易·威登的认知相混淆。我并不想讨论方便面的形象是怎样的，而是指这些会和路易·威登的品牌形象相冲突。对于重视形象宣传的奢侈品品牌而言，电视广告可能会起反作用。

奢侈品管理运营品牌时，品牌形象的持续一致性十分重要，电视广告会受到其他信息的巨大影响，因此有必要认识理解它的负面作用。事实上，除了一些日本国产服装以外，几乎很少见到奢侈品品牌的电视广告（品牌化妆品是唯一的例外，因为化妆品和香水等是以一般大众为销售对象的）。

电视广告基本以日用快消品为主，这里弥漫着一种与日常生活场景密切相关的气氛。但是，像路易·威登这样的奢侈品品牌，在某种意义上是一种与日常的普通生活完全不同的、在另外一个世界上演着梦幻般剧情的商品，它和均质化的日用快消品完全不同。

事实上，在汽车领域，尽管也有高级品牌汽车播出电视广告，但像劳斯莱斯或者宾利这类豪华车，它们希望和大众化的其他汽车有明显的形象差异，所以也不播出电视广告。

还有一点，作为广告推广的术语，我想提出"广度"（reach）和"丰富度"（richness）这两个概念。"广度"指信息可传播范围的大小，而"丰富度"则指信息的充实程度。电视广告是一种注重"广度"的传播手段，与之相对，通过单独会谈等形式的商品介绍，则是一种极度重视"丰富度"的广告手段。

若要说路易·威登选择的是哪一种广告手段，那当然是注重"丰富度"的手段了。奢侈品品牌的商业模式不是以一般大众为对象的，因此，广告方式不需要重视传播范围的大小。

重视信息传播"丰富度"的优越性并非意图扩大市场占有率，而是扩大心理占有率（即品牌感知）。市场占有率的扩大意味着争取新顾客并增加客户总量，也就是着力于数量纬度的占有。与之相对，心理占有率的扩大意味着对已有顾客的深度维护，是对"品牌感知"纬度的占有。

如果需要解释一下的话，那就是当被问到"你喜欢的品牌是什么？"的时候，首先浮现在脑海里的品牌名称，就是你的心理占有率第1位的品牌。

　　消费者特别喜欢某一特定的品牌，并热衷于购买该品牌商品的行为，被称为品牌忠诚度。大多数的企业都期望能够获得消费者对品牌的忠诚，为此，他们在提高顾客满意度方面想尽办法，重视"丰富度"的广告传播也是方法之一。路易·威登将重视"丰富度"的广告传播视为最好的广告。

　　近来，常常看到路易·威登在某些媒体上刊登广告，而这些媒体的读者是否是路易·威登的目标受众呢？例如，《日本经济新闻》是一份主要面对商务男士的媒体，路易·威登的顾客绝大多数是女性，虽然这些媒体上的广告是考虑到这些女性的丈夫或恋人在为她们挑选礼物时可能会购买路易·威登的产品，但这些广告更重要的目的是为了进一步增加路易·威登在男性人群中的支持者。

　　实际上，2008 年在大阪开业的阪急绅士用品馆内，路易·威登也开设了它的全球首家男性商品店。随后，在其他店铺，以腕表为代表的面向男士的商品也得以充实。

　　尽管日本已经是一个成熟的市场，但路易·威登仍心无旁骛地开拓新客户。

只做能成为新闻的广告

❦◈❦

路易·威登重视传播有"丰富度"的信息，但也并不是说它不在大众传媒上发布广告。如前所述，它在报纸和杂志上也会刊登广告。与只是坐在那里观看的电视媒体不同，报纸和杂志媒体需要读者刻意主动地阅读文章，即路易·威登认为阅读报纸和杂志时，顾客会主动地接收相关信息。由此可见如果广告做得足够好，可以做到"广度"和"丰富度"两者兼顾。

路易·威登曾经发布过很多广告文案，通过醒目标题和文章介绍产品的优点和历史，例如"不久""常常""始终"系列广告曾广获好评，此外，还有"路易·威登为您修理"、"即使只是一个首字母"（双关语，含有"人生中的第一个"的意思）"坚定的承诺"等广告文案，也很好地展现出路易·威登产品质朴刚健的特点。

路易·威登多采用彩色广告，这或许是因为黑白广告不能辨别 LV 字母组合图案颜色。我曾听相关人士说道，随着报纸印刷技术的发展，以及报纸彩色版面的印刷水平提高，路易·威登开始积极地投放报纸广告。

路易·威登的广告版面采用令人惊讶的简洁设计，而且绝不会标注商品价格，乍一看读者几乎不明白这是什么公司的广告。

这和家电量販店一般充斥着数十个商品的照片和价格的广告相比形成鲜明的对照。路易·威登重视的不仅是信息传播，更是传达专属于路易·威登的品牌形象。

路易·威登的广告由巴黎总公司制作并全球通用，一般多采用白色边框配以精美的产品照片，所有广告都极具视觉冲击效果。路易·威登制作的广告本身就能够成为新闻报道的素材。

路易·威登品牌宣传的广告往往由公司的艺术创意总监马克·雅各布斯编写广告剧情，通过包含服装在内的整体时尚形象效果进行展示。

迄今为止，路易·威登一直聘请世界名人担任广告模特。这些模特包括：好莱坞电影明星兼音乐家珍妮弗·洛佩兹（Jennifer Lopez），她是拥有自己品牌"J·Lo"的多栖影星；通过重组改革改变前苏联和世界的米哈伊尔·戈尔巴乔夫（Mikhail Gorbachev）；引领20世纪80年代世界网坛的网球选手安德烈·阿加西（Andre Agassi）、斯特芬·格拉夫（Steffi Graf）夫妇；还有女影星凯瑟琳·德纳芙（Catherine Deneuve）、斯嘉丽·约翰逊（Scarlett Johansson）、滚石乐队（The Rolling Stones）的基思·理查德兹（Keith Richards）、麦当娜（Madonna）等。麦当娜是出演路易·威登2009—2010秋冬广告的模特。

路易·威登不仅起用超级名模等时尚界名人，还邀请政治、体育、音乐等其他领域的超级明星担当其广告模特，这种创新性特点通常在广告发布前就成为媒体的关注焦点。所以说,路易·威登的广告本身就是新闻。

提到路易·威登的广告,2009 年 7 月,纪念宇宙飞船阿波罗11 号登月成功 40 周年之际的广告令人感动。广告照片上,美国第一位女性宇航员萨利·莱德(Sally Ride)和作为阿波罗 11 号成员与阿姆斯特朗(Neil Armstrong)船长一同踏上月球的巴兹·奥尔德林(Buzz Aldrin),还有阿波罗 13 号的船长吉姆·洛弗尔(James A. Lovell)等新老几代宇航员们,充满怀念地仰望着月球,广告文案是"有些旅程永远改写了人类历史"(Some journeys change mankind forever)。这则广告同时登载在《华尔街日报》《金融时报》《费加罗报》等世界知名的报刊上,各报还同时刊载了人类登陆月球 40 周年的专题报道。并且,就在广告发布的当天,原宇航队成员奥尔德林还与奥巴马总统进行了会谈。这则广告带给人们这样的联想:路易·威登是制作旅行箱包的"旅行"的品牌,而人类的终极之旅是月球之旅、宇宙之旅,人类和路易·威登的旅程,将会永无止境地持续下去。

路易·威登的时尚广告由专门的制作团队负责,通过反复打磨后制作而成。据称该团队以马克·雅各布斯为中心,负责不同主题的摄影师也需要从制作之初就加入团队,并从摄影师的立场阐述自己的想法。正因为广告凝聚了制作团队的不懈努力,一经刊载不仅能给大众留下鲜明的印象,而且还带来广告发布前就能引起新闻报道的冲击力。

路易酩轩集团除了每一季的广告以外，还有很多其他的广告也会成为媒体报道的内容。克里斯汀·迪奥品牌曾经在推出香水新品 DUNE 时，在广告页里附赠香水试用纸。这种广告手法出乎世人意料，日本发行的四本女性杂志以及 1994 年《朝日新闻》的增刊都刊载了这个广告。这则广告的标新立异之处在于不仅采用当时少见的彩页印刷，还附赠香水样品。不用说，这种推广手法本身也成为当时的热议话题。

如此说来，路易·威登还因为曾经给没有实际销售的商品做广告成为公众瞩目的焦点。这件事发生在 1978 年，当时市场上出现仿冒的爱马仕领带，仿冒路易·威登品牌的领带也有即将出现的可能。路易·威登当时并不生产销售领带，为此，它特意在报纸上登载了这样一则广告："路易·威登不生产领带。" 这则广告刊出后，不消说仿冒品自然被击退。虽然，现在路易·威登开始生产销售领带，但是，因为没有出现过仿冒品，也就没有见过狙击仿冒品的广告。

刻意形成排队长龙的广告效果

闻名遐迩的路易·威登店铺前的排队人群，这件事或许不能称之为营销策略，但从实际效果来看也可以归为营销策略。前文曾提到，在表参道店开业时约有 1400 人排成了近一千米的长队，那种规模也只有在路易·威登新店开业时才能见到。然而，路易·威登店铺前，即使是普通的周末也经常可以看到顾客排起的长龙。

其中的理由很简单，顾客的排队现象是路易·威登刻意营造出来的。他们是这样解释的："为了让顾客们可以享受自由轻松的购物环境，店内必须避免人群拥挤，因此，实行顾客入店人数的限制。"

人们以为，这是因为路易·威登的店铺内设有台阶，顾客过多拥挤之时，可能会因推撞等引发摔倒受伤事件。但事实是路易·威登原本就没打算让顾客在如同减价甩卖般的拥挤人群中疯狂抢购价值数十万日元的高级商品，因此，公司才会请顾客们在店外稍作等待。

从社会礼仪方面来说，日本人也会在轮到自己之前耐心地排队等候，这一点即使在巴黎的香榭丽舍总店前也是一样。在巴黎总店门前的队伍中也会见到日本人同样的排队情况。

顾客在店铺门前排长队，对于店铺来说是一件荣耀之事。日语中有种说法叫"门口排队的店铺",指的就是这种让人关注的店铺。在我看来,路易·威登正是因为意识到这一点,才采取貌似强硬的等待方式让顾客在门外排队。当然,这种做法的前提是品牌必须获得顾客的认可,店铺里有值得顾客排队的商品和服务。

店铺前顾客排队,这种事情本身就是一个很好的宣传。其他人从店铺前经过时,会想知道那些人为什么排队,而且排长队的情况还可能会出现在综合节目或者新闻报道、杂志等媒体上,具有面向大众展开传播的可能性。

尽管这只是我的个人见解,但我认为排队从结果上来说或许发挥了筛选顾客的功能。那些耐心等待进入店铺的顾客往往是内心和善、通情达理的路易·威登粉丝,也就是说,他们是值得认真接待的顾客。为了给优质顾客提供良好的购物环境,因此,排队还具有以不失优雅的方式排除非优质顾客的这一良好功能。

这里我还想补充一种一般不易被人察觉的营销策略,即"缺货"和"饥饿感"。有种说法认为路易·威登在煽动消费者的饥饿感,例如,常有这样的事情,顾客特意去购买,但店里没有顾客想要的商品或颜色,询问之下总说已经卖断货了……

发生这种事情顾客当然不高兴,对此店员总会耐心细致地进行解说:"因为这不是批量生产的商品。"这种情景在全日本所有的路易·威登店铺里都能看到。"不能批量生产"这一说法虽然是托辞,但也是优秀的营销方式。就结果而言,我认为这一做法催生了消费者的"饥饿感"。

路易·威登的产品是手工制作而成，不可能随需求突然增加生产量。虽然后文中会提到路易·威登为增加产量所作的诸多努力，但也确实产量有限。这有限的产量，恰恰会唤起顾客的"饥饿感"，即有意限制产量、提高顾客"饥饿感"也就构成了一种宣传。

路易·威登的广告一般显得非常"沉默寡言"，从不出现类似"希望您购买"的词句。是一种用一张照片酝酿出气氛，让观者体味后再通过语言表述各自理解的广告。在这个意义上，广告的主角始终是产品，即广告诉求点不是路易·威登这家公司，也不是服务优良的店员，而是产品的优秀性能。

路易·威登将这份对产品品质的执着贯彻到所有方面，甚至在公司历史中所记载的也不是路易·威登过去的经营领导如何经营品牌，而是这 155 年间产品如何演变至今。我认为这一点也是世界上其他众多企业值得向路易·威登借鉴学习的地方。

注重环保的品牌形象策略

近年来，在路易·威登的品牌形象策略中引人注目的是参与环境保护活动。2009 年 9 月，路易·威登在长野县小诸市的小诸高原美术馆举行了"路易·威登的森林"的新闻发布会和签字仪式，宣布该项目正式开始。路易·威登在社团"更多的树"（More Trees）的协助下，参与到环境保护活动中。"更多的树"是由阪本龙一设立的，以森林重生为目的的社会团体。为此，专程赴日的路易·威登第五代帕特里克·路易·威登（Partrick Louis Vuitton）在被问及此举的意义时给出了如下的回答：

"创始人路易·威登出生在法国侏罗山脉，那里和小诸市一样被包围在美丽森林里，他是一个热爱大自然的人。我在法国也拥有 620 平方千米的森林，每周我都会去查看几次，并注重环境保护。森林对我们来说，既是出产重要行李箱材料的场所，同时也是孕育动物和植物等自然界交响乐的'心'的象征。"①

路易·威登从 2004 年开始实施由日本环境能源开发厅推动的"温室气体排放量调查"（碳排放统计）。该调查主要监测工厂和店铺中使用的能源消耗和员工的交通移动，还有商品运输等公

---

① 摘自《WWD 日本》，2009 年 9 月 14 日。

司内部活动对环境所造成的影响，结果表明在温室气体排放量中37% 是由商品的航空运输导致的。

据报道，"根据这一结果，路易·威登将约 50% 的皮革产品由航空运输改为船运，实现温室气体排放量减少 40%。此外，将新设店铺和翻新门店内的照明用电削减了 30%。运输时的过度包装也加以改善，2006 年度，包装材料使用量减少了 132 吨。2007年春季，在巴黎郊外塞尔吉新设 EOLE 物流中心，该中心采用了使用地热调节室温的系统，可根据自然光强度自动调整亮度的照明系统，设置有雨水和下水过滤装置的净水罐实现污水零排放等，成为符合严格环境标准的绿色建筑。"①

环境意识现在已经成为社会名流的必备条件。路易·威登强调其积极的环境举措无疑是有效的公众营销策略。

①　摘自《回归体现"贵族品"品牌自豪感支持活动的原点》，《WWD日本》，2009年4月27日和5月4日合刊。

图 17　路易·威登葡萄牙里斯本店(作者拍摄)

图 18　路易·威登中国香港店(作者拍摄)

第7章　百年老店的"时尚"

用时尚元素消除朴素形象

路易·威登自创业以来已有155年，迄今在日本国内拥有57家店铺（其中百货商场专柜45家，截止2009年10月1日），全世界拥有430多个店铺。路易·威登发展史上的一个重要转机，是1978年在日本开设第一家店铺，此举也是它全球业务拓展之始。

但是，在成功进军日本市场后，路易·威登并不是立即就取得了现在的市场地位。虽说在现在的世界奢侈品品牌中，路易·威登独霸天下，但让人意外的是如此巨大的成功是最近几年才发生的事情。

路易·威登的快速成长发生在它进军海外市场的这30年间，进一步说，它的业绩急剧增长是最近10年间发生的事情。

我认为路易·威登进入日本以后30年间的历史，大致可以分为三个时期，即专注于发起流通革命的最初10年、将流通成果巩固并扩张的随后 10 年以及进军时尚业界的最近 10 年。

自 1997 年马克·雅各布斯以艺术设计总监的身份加盟后的这 10 年时间，是路易·威登飞速发展的 10 年。事实上，这些年的销售数据也很好地说明了这一点。

在那之前的路易·威登一直面临一个困境，虽然消费者对产品有很高的信任感，无论在增加店铺数量和提高销售额等方面都发展顺利，但品牌的形象非常质朴低调，长久以来一直无法从深褐色的品牌形象当中跳脱出来。尽管路易·威登原本就是质朴刚健的品牌，但却一直无法迈上新的发展台阶。

因此，路易·威登邀请了当时 30 多岁的美国新锐设计师马克·雅各布斯，为了消除质朴低调的品牌形象而展开了全新挑战。从 1998 年开始，路易·威登发布了男装和女装系列，正式涉足高级成衣领域。并且，相继与斯蒂芬·斯普劳斯（Stephen Sprouse）、朱莉·范霍文（Julie Verhoeven）以及日本的村上隆等众多艺术家合作，接连推出全新的商品，这些都成为前所未有的热门商品。

以热点新品带动经典商品的销售

　　路易·威登的优势，并不仅限于新锐设计师的加盟而具有的时尚感。我至今仍记忆犹新的是秦乡次郎所说的一段话："大家都想拥有他人拥有的东西，更想拥有谁也没有的东西。"

　　路易·威登新设计的限量版商品，由于其稀缺性吸引了很多消费者。在这个过程中，也出现了很多对传统设计重新认识的顾客。前文中提到的时尚化过程，事实上对于路易·威登而言是一个巨大的冲击，这个冲击既刺激了品牌自身，同时也刺激了消费者。

　　随着路易·威登新设计产品的持续热卖，以传统的字母组合图案设计为代表的商品也再次开始热卖。就这样，以时尚化引发的良性循环作为标志，路易·威登品牌大获成功，品牌既保留了传统的质朴刚健形象，又融合了时尚前卫的新形象。通过这样的时尚化过程，最近10年间，品牌成功地开拓了新的顾客群体，由此，它的销售额也急剧增长。

　　对于路易·威登的飞速成长，周围嫉妒的声音也此起彼伏。比较具有代表性的说法是"时装类产品并不怎么畅销吧"，曾有报道指出，根据海外分析师推测，路易·威登的高级成衣商品的销售额大约只占总销售额的5%左右。

对此，我个人认为，时尚产品发挥的是一种冲击作用，可以看作是针对路易·威登品牌的强心剂。也就是说，时尚产品本身不那么畅销其实也没多大关系。事实上，路易·威登将时装类的库存全部裁切后废弃了，路易·威登不会做与其品牌形象相悖的库存大甩卖等促销活动。

我甚至认为，时尚类商品不那么畅销更好，因为过于畅销所引发的品牌风险会更大。为什么这么说呢？因为时尚产业的经营是生产销售一种"生鲜产品"，它的库存管理十分复杂，并且极为困难，对于一直以来稳健经营经典产品的路易·威登而言，那是一个未知的陌生世界，或许也是它不宜深入的领域。

我认为从这个意义来说，过度扩张时尚产品系列反而会使品牌陷入困境。时装商品不那么畅销对路易·威登来说并非是一件坏事。

仅仅追随需求会错失良机

　　路易·威登之所以能够通过时尚化取得巨大成功，是因为它在原有的质朴刚健的经营风格基础上，很好地融合了时尚产业极具魅力的元素。

　　经营普通商品的主要流程是首先调查消费者需求，在此基础上生产制造商品，并将其提供给消费者。但是，如果在时尚产业里面也按照这个流程做，不得不说将会非常被动。那些具有全新设计和面料的时尚产品，并不是因为先有消费者的需求才制作出来的。对于消费者来说，只有那些意想不到的、耳目一新的、全新的东西才能取悦他们。

　　时尚产品需要引领时尚潮流，仅仅依靠迎合消费者的需求会坐失商机。为了每年时尚周发表新的设计作品，品牌必须在一年前预测消费者的潜在需求及流行趋势，并通过作品设计把这些预测表现出来，品牌必须走在流行的最前沿。当然，这样的做法伴随着风险，时尚产业无法摆脱一种不安定感，这是由于每季商品评价与自身销售额直接相关所带来的。

　　与此相对，以路易·威登为代表的，包括爱马仕、赛琳、罗威等这些拥有历史的品牌，起初作为旅行箱包、马具、儿童鞋、皮革制品的专门店开始经营，在发展过程中逐渐作为各自专业领域内的高级品牌，广为消费者所知，并秉承一贯的稳健经营风格。这些公司的商品与时尚产品不同，没有明显的季节性，是保持着稳定销售业绩的法国高级时装公会会员公司。

相反，那些涉足高级成衣领域的品牌，以每年两次即春夏和秋冬的季节性发布会为中心，不断面对市场新的挑战，创造出盛大的时尚气氛并大幅提升销售数据。与这些公司相比，1998 年之前的路易·威登一直是这种时尚氛围的局外人。

在瞬息万变的时尚潮流中，路易·威登在 20 世纪 90 年代中期真正开始感到了危机。在 1996 年，LV 字母组合图案诞生 100 周年之际，路易·威登开始推出新的产品系列作为纪念商品，这就是"七个设计师系列"。阿瑟丁·阿拉亚（Azzedine Alaia）、西比拉（Sybilla）、艾萨克·米兹拉希（Isaac Mizrahi）、赫尔穆特·朗（Helmut Lang）、维维恩·韦斯特伍德（Vivienne Westwood）、莫罗·伯拉尼克（Manolo Blahnik）和罗密欧·吉利（Romeo Gigli）等 7 名世界新锐前卫设计师向世人展现了各自独创的字母组合图案商品。

也就在这一年，第二代掌门人乔治·威登设计 LV 字母组合图案后，尘封百年的"Damier"系列（也称为"LV 棋盘格"系列）再次复活，共推出了 13 款限量产品。虽然"Damier"系列成为定型产品并大受欢迎是其后的事，但是从那个时候起，路易·威登已经开始了新的挑战。

之后的 1997 年，美国新锐设计师马克·雅各布斯就任公司的艺术设计总监。同一时期，其他的知名品牌也开始尝试聘用外部设计师和创意总监，这些老字号品牌也逐渐意识到品牌重建和迎接新挑战的必要性。

路易·威登推行时尚化改革的目标明确，就是通过时尚化改变老字号品牌质朴低调的形象。我认为，正因为路易·威登的目标明确，所以品牌时尚化才得以顺利实施。

而且，我还认为即使是在时尚化过程中看似负面的事情，从结果而言也产生了一定的促进效果，例如，箱包中的停产系列商品。一旦品牌成为不断推出新产品的"时尚品牌"，其过程中停产的商品会大量出现，但是，在停产的商品当中有时会包括这样一些商品，它们甚至具备了成为定型商品的能力和余韵。路易·威登品牌也存在着这种情况。

这些商品往往在仍受热捧、并具备实力的时候令人惋惜地停产退出市场。消费者一边盼望并等待出现比停产商品更讨人喜欢的新商品，一边对停产的商品恋恋不舍。但是，在已经停产的产品中，也会出现像"Damier"这样时隔百年再次复活的例子。这种时候，消费者心中会泛起一种微妙的情愫，也许在某一时刻通过特别定制与自己喜欢的商品再次相见。

品牌的时尚化过程带给消费者很多类似"惋惜"的机会，这也激发了顾客的饥饿感。

协同效应使强势品牌更强

　　那么该如何判定定型商品和停产商品呢？判定的标准其实就隐藏在产品系列当中，LV 字母组合图案的产品系列以及和它相当的其他保守主打系列产品，如"EPI"（水波纹）系列和"Damier"（棋盘格）系列等，出自于路易·威登工匠之手的精心打造的系列产品，很多都被作为定型产品持续销售。

　　另一方面，对于像"VERNIS"系列以及"Mini Monogram"（迷你字母组合图案）系列等由马克·雅各布斯打造的时尚产品系列，则因其时尚的特性一般采取市场退出策略。

　　这种做法作为品牌的商品策略，是非常稳妥的。商品的销售数量等同于商品的曝光频率，曝光过多则会有过时的风险，会引发消费者产生类似"好不容易买的最新流行款包包，结果大家都在用，太没意思了"之类的不满。

　　因此，某款商品在销售到一定程度时就需要退出市场，这并非由于商品不受欢迎或者滞销才停产，而是一定要在商品影响力还有余韵时结束其生命周期，看起来也像是商品达到预定销量之后就停产了。

　　消费者心理中有两种力量存在，一个是"希望拥有个性"的时尚引导力，另一个是"不想落后"的时尚推动力。如果说时尚产业是由这两种力量推动形成的话，路易·威登则是一个能够很好掌控两股力量，并且开闭自如的品牌，我想这也是路易·威登品牌的强大之处。

路易·威登的营销手法中充斥着一个关键词，即前文提到的"选择性营销"。相对于没有营销部门的爱马仕，同为传统经典品牌的路易·威登却总是能够灵活地运用营销方法，且这一营销方法的基础就是"选择性营销"。精准地说，这是为了销售限量的高端产品的一种特殊营销手法，是为了更顺利地销售产量有限的商品的方法。

举例来说，香槟或红酒这类商品因为存在根据原料产地命名的规定，因此，无法任意扩大种植面积。同样路易·威登行李箱的框架使用经过 5 ~ 8 年自然干燥的法国东部马恩省产的白杨木，所用皮革选用最上等的牛皮。因此，"选择性营销"策略主要解决如何销售像上述这种存在生产数量限制商品的问题。其使用的方法之一就是提高品牌的附加价值，低价出售商品毫无意义，因此，品牌有必要以产生协同效果的经营为目标。这种协同效果必须是基于自身的品牌定位的协同效果，例如路易·威登涉足高级成衣领域，展开与箱包类产品协同互动的这类策略。最近几年以来，路易·威登明显集中精力投入的新领域是珠宝、钟表领域。

在拥有路易·威登店铺的东京松屋银座店所在的中央大道的后面，也就是银座 4 丁目一侧的街角，2008 年，路易·威登开设了高档珠宝钟表店。这个新店铺即使在松屋银座店内也是租金最高的位置。或许因为是路易·威登的珠宝钟表才能与如此高昂的租金相得益彰。由此，在松屋银座店的中央大道两边都出现了路易·威登的店铺。

在巴黎著名的百货商场老佛爷也有过类似的事情。商场一楼的内侧拐角处原本是 L 形的路易·威登专柜，而在二楼高级成衣区落成后，一楼对面的位置也不知不觉地变成了路易·威登的珠宝钟表专卖店。

路易酩轩公司旗下的钟表品牌主要有豪雅（TAG Heuer）、真力时（Zenith）、宇舶（Hublot）以及迪奥（Dior）等，而珠宝品牌则有绰美（Chaumet）和佛列德（Fred）等。

作为集团公司主力品牌的路易·威登正式进入珠宝钟表领域，一方面会增强其他品牌的影响力，另一方面也体现了集团"强势品牌应该更强"的经营方针。

另一个重要策略，是能够将商品送达需要高级品的消费者手中的流通渠道，这也称为"选择性分销"，通常是指在综合考虑城市人口以及商圈后，品牌确定开设店铺的数量，并决定店铺内展示商品的数量和销售方式等事项。

以时装为例，每家店铺每种商品一般只展示一件，最多两件。这样一来，消费者在穿着这件服装外出时，几乎不会与别人撞衫。销售时装的店铺是根据主要城市约每 100 万人一间店铺的比例来设置，这种配置原则支撑着高级品牌的附加价值。

为此，品牌经营者需要全面控制商品的流通，由于不设置贸易或批发的环节，这就要求包含销售店铺的分销渠道必须适合品牌的管理。路易·威登采用的就是基于这种手法的营销策略。所以，路易·威登的热门商品总是很难买到，原因也就明了了。

可以这么说，路易·威登在近 10 年间的飞跃性发展，不仅是进军时尚界推进品牌的时尚化，而且还因为在营销方面的不断深化。

从原本是传统品牌，而且是其中的顶级品牌的角度来说，路易·威登的这些挑战和成长或许让人感觉有些微妙。但毫无疑问，它为奢侈品品牌的业务范围开拓了更多领域，这一点对于所有品牌业界的相关人员来说都是有益的。

图19　路易·威登意大利佛罗伦萨店(作者拍摄)

图 20　路易·威登意大利佛罗伦萨店（作者拍摄）

第8章 持续不断的"生产力"改革

满足顾客期待，坚持"高成本手工制造"

路易·威登的产品均由手工制作而成，并且，这种"高成本"的生产工艺流程一如既往保持至今，这无疑是人们认可路易·威登产品具有特殊价值的原因之一。

路易·威登不惜花费重金，一则绝不放弃手工制作，二则原材料只选用最好的，这些构成了路易·威登的生产原则。

生产过程中若使用机器加工产品，则产品的工艺精度往往可以超过熟练工匠的加工精度。但是，路易·威登仍然坚持不推行机械化加工生产。其实，路易·威登保持这种传统制造方式的原因很简单，他们认为"顾客对路易·威登工匠的手工制作充满期待"。那么，我们就来看看路易·威登的生产工艺流程。

首先，采购进来的牛皮需要接受严格的检查，确认皮革不存在伤痕等瑕疵，并保证不发生漏检。检查环节一旦发现皮革有任何问题，这张皮革就会被弃之不用。

据说路易·威登非常热衷于收购高级牛皮原料。手工产品所用的牛皮一般是在专业的拍卖会上出售，因此，路易·威登经常会在拍卖会上将最优质的原料竞价拍下。

"EPI" 系列产品用牛皮制作而成，"Monogram" 系列和 "Damier" 系列产品的主要原料并非牛皮，而是表面覆盖独特涂层的原产埃及的棉布，但把手等部分仍然使用皮革材料制作。

前文已经介绍过，路易·威登行李箱的框架主要使用法国东部马恩省出产的白杨木，这种有产地限定的精品原料，需要经过数年的自然干燥，加工时相应需要更多的时间和空间，因此，在生产管理上也需要花费更多的精力。

工匠们使用天然干燥的木材，用手工制作产品，路易·威登的产品通过这样精致规范的工序制作而成，注定了其产品无法进行大批量的生产。因此，即使产品突然极受欢迎，也会因为材料和工匠人数的限制很难在短期内增加产量。

"无法量产"产生的价值

路易·威登非常重视手工匠人，因为优质的手工制作产品需要出色的职业工匠。与广告策略相同，路易·威登品牌成败的关键在于产品，而保证产品品质的正是制作者——工匠们。

路易·威登原本就是制造箱包的手工匠人所创建的品牌，因此，公司一直以来十分注重对工匠的培养，工匠精神（职人精神）也已经深深地渗透到品牌的 DNA 中。顾客们看到标注在手工制作商品上的价格，想象着优秀工匠们的制作场景，认可产品，并最终购买该产品。

秦乡次郎曾这样说道："自创业以来，路易·威登一直保持着作为箱包工匠秉承的精益求精，醉心于生产高品质的商品。"路易·威登一直坚持手工制作，从而使产量受限。但是，正因为不能大量生产，品牌与产品的附加价值也就由此产生。

路易·威登的主要生产场所是位于巴黎郊外阿尼埃尔（Asnieres）的制作工坊。阿尼埃尔的制作工坊同时兼具了培养手工工匠的教学职能，教学内容则是传授手工工匠的基本技术和工艺技巧，完成培训后的学徒可以得到箱包工匠的资格认证书。培养一个箱包工匠需要花费大量的时间，这些得到资格认证的工匠们支撑着路易·威登的产品生产，并构筑出"路易·威登传说"

的基本体系。

在路易·威登品牌创立 5 年后的 1859 年，创始人路易·威登和家人一起从巴黎市中心搬到郊外塞纳河畔的阿尼埃尔安家落户，公司总部、生产工坊以及私人住宅整体迁至阿尼埃尔。现在，路易·威登公司总部设在巴黎市中心新桥大街的大楼中，但是，生产仍然在阿尼埃尔的工坊，当时的私人住宅则改为迎宾馆兼企业博物馆。

我曾到访阿尼埃尔的工坊，看着那栋两层的建筑，时光仿佛回到了 150 年前，工坊里 20 多位工匠每年制作生产数百个行李箱和数千个手包。路易·威登在创业之初，只有一个生产基地，如今，它在法国包括阿尼埃尔在内共有 11 处生产基地，西班牙有 2 处，美国加利福尼亚州圣迪马斯（San Dimas）有 1 处，在三个国家共计拥有 14 个生产基地，其中，特别定制的行李箱主要在阿尼埃尔生产。路易·威登在阿尼埃尔工坊的工匠学校并不是单指这座建筑物，更重要的是在这里形成的一整套工匠培训体系。

在我出版的《路易·威登的法则》一书中，有一张 1999 年阿尼埃尔工坊的照片。照片中的工坊，内部布局凌乱，许多旧机器和加工中的半成品杂乱地摆放着。2004 年，路易·威登接受了麦肯锡公司的咨询意见，引进精益生产方式，即丰田生产方式（Lean Production），这里变得整洁有序了，醒目位置摆放着最新的机床，堆置的半成品数量也大幅度减少。关于这些后文还会提到。

阿尼埃尔的工匠们大多性格开朗，充满活力。特别引人注目的是，负责定制品制作的工匠，在一整张的牛皮上按箱包所需的皮革品质和尺寸进行着裁剪，这是一项难度很大也很重要的工作，从工匠的脸上可以感受到一丝威严的气息。

在阿尼埃尔，我偶遇了第五代传人帕特里克·路易·威登（特别定制负责人）的长子皮埃尔·路易·威登（Pierre Louis Vuitton，第六代），当时，他作为工坊的工匠在工作，和其他工匠一样穿着牛仔裤围着作业围裙，正和其他人商议定制品的相关事宜。

威登家族旧宅的一层现在改为了迎宾馆，室内挂满了第一代路易、第二代乔治、第三代加斯顿、第四代哥哥亨利和弟弟马克等历代传人的半身像和肖像画。室外修剪整齐的庭院里早樱盛开。旧宅的二层是博物馆，陈列着很多古董行李箱，以及前文提到的莎朗·斯通的"Amfar"等历代定制品行李箱或手包等展示品。

引入"丰田生产方式"的生产线大改革

～∞∞∞～

　　这里要说明一下，根据秦乡次郎介绍，自从路易·威登进入日本市场销售后，产品品质得到了进一步的提升。日本人对质量的要求近乎苛刻，一些欧洲消费者不大会介意的细节问题，例如，拉链的方向缝反了；缝纫走线稍有弯曲等，日本人都无法接受。秦社长说，他们当时把这些在日本可能会被消费者投诉的商品全部退回了法国。

　　日本人对品质的执着追求也许是日本的国民性吧。正因为如此，日本才能在 20 世纪 80 年代成为世界制造强国。正因为这个国民性特征，日本人喜好品质可以信赖的品牌。可以肯定地说，这是路易·威登得到日本消费者支持的主要原因。

　　随着 20 世纪 70 年代开始的全球业务拓展，以及 1998 年开始的时尚化变革，路易·威登全手工制作的生产方式也发生了剧烈的变化。因为，基于马克·雅各布斯的设计理念而孕育产生的产品新款源源不断地上市，路易·威登的商品类型和款式急剧增加，创新性的设计和商品也接连不断地问世。

　　例如，路易·威登先后开发销售了在传统设计纹样上添加白色油漆涂鸦图案的限量版商品，与日本艺术家村上隆共同创作开发的带有樱花和熊猫图样的箱包等。这些商品大受欢迎，为路易·威登开拓新的客户群发挥了积极的作用。高级成衣部门每季都要举办时装秀，在时装秀上发表的成衣一定会搭配最新款的手袋。也就是说，箱包和服装一样也需要不断地推出新产品。

不难想象，这种多品种小批量的生产方式的变化给生产部门带来了巨大压力。路易·威登自创业以来一直依赖的工匠手工制作生产模式很难实现大量的增产。因此，公司对生产部门进行了大刀阔斧的改革，这个改革措施就是要使路易·威登的生产部门足以承担新款以及新产品系列的生产任务。

2006年10月9日，美国《华尔街日报》报道了路易·威登于2005年初委托美国知名咨询公司麦肯锡为其生产改革进行专业咨询这件事。麦肯锡公司在详细调查了路易·威登生产工坊的制作过程后，提出改革方案，建议导入"精益生产（零冗余）"。同年11月，在公司的所有生产工坊都导入了以路易·威登热销商品命名的新生产方式——"Vegas生产方式"。精益生产是指源自于丰田汽车公司倡导的彻底杜绝冗余的生产方式，后来这种生产方式在美国形成更加体系化的系统。

过去，路易·威登的每道生产工序都由不同的手工工匠完成，因此，在生产过程中半成品的闲置造成严重的时间浪费，这个问题成为了需要改革的主要问题。对此，路易·威登推出了多能工匠化（每位手工工匠可以完成多道生产工序）和作业团队小型化等应对方案。此外，还将生产线整体形状改为U型，使起始位置和结束位置相互靠近，从而减少员工移动的时间损耗。

　　如此一来，路易·威登的生产效率提高了两倍，生产改革前，每个新款大约需要花费 12 周的时间才能完成出货，而改革以后，大约仅需 6 周就能完成出货并开始销售。

从"顾客视角"考察公司价值

在生产改革的同时，路易·威登还进行了物流和店铺管理的改革。例如，以前有这样的情况出现，顾客想要的商品如果店铺内没有陈列出样，负责接待的店员就需要自己进入仓库确认存货情况，如此一来，顾客就只能在没有店员接待的情况下独自等候。

针对这种情况，路易·威登特别设置了仓库库存调查员一职，并安装了商品运送专用电梯，从而提高了店铺接待顾客的效率和服务质量。

当然这种改革一般仅限于大型店铺。也许会有消费者觉察到查询库存的时间好像缩短了，但是，顾客肯定不知道在仓库里面有库存调查员这件事情。就像这种细节的改进一样，路易·威登即使在消费者看不到的地方，也仍然十分专注地不断提升服务质量与管理水平。

当今世界流行效率优先与成本至上的管理理念。从这个意义上讲，至今仍然坚持手工制作生产的路易·威登显然与时代的潮流背道而驰。但是，路易·威登其实非常清楚它真正的价值并不在效率和成本这两个方面。因此，从表面上来看路易·威登似乎与时代潮流相悖，但实际上这样做会形成品牌专注于品质的价值。那么，怎么做才能体现出真正的价值呢？

假如，其他企业也模仿路易·威登的做法，认为只要手工制作就可以创造附加价值，因而全部采用手工制作来生产产品，那就大错特错了，这种想法不过是自以为是罢了。问题的关键在于顾客是否希望购买的商品是由手工制作而成的，也就是说，能否从顾客的视角发现公司的价值。

路易·威登的产品如果采取机械化生产方式成为量产产品，它的生产成本会下降，营利也会因此而增加，但这样做的话，品牌魅力必然会逊色很多。而且，面对市场增长的需求，路易·威登也不会放任自己的生产能力一直低下。在这两者之间选择一个平衡点，这才是真正的路易·威登。一方面是追求生产效率的精益生产方式，另一方面是追求附加价值的手工制作生产方式，路易·威登将这两种表面矛盾的生产方式完美地结合起来，这里包含了品牌出类拔萃的管理能力。

实现"既传统又创新"的奇迹

"大家都想拥有他人拥有的东西,更想拥有谁也没有的东西。"前文中曾介绍过秦乡次郎的这段话。随着人类社会变得越来越富有,价值观更加多元化,人们希望拥有"自己专属物品"的诉求也日益增长并强烈起来。

当所有人都在不遗余力地表现自己的个性时,市场上也会不断涌现出满足消费者这一需求的各种各样的商品。在时尚业界,感受并服务于个性化需求的产品制造业也在不断发展深化。

事实上,那些高级成衣与高定服装相比毫不逊色,最近也屡屡亮相于高级成衣的时装秀场,这些时装精选面料、手工刺绣,不计成本地采用手工缝制等工艺,其中,甚至有超过 100 万日元售价的商品。这些高级产品最初仅在欧美市场销售,但近些年人们在日本的店铺内也能够购买到。

路易·威登的"特别定制产品"系列就是其中之一。路易·威登的定制服务由来已久,顾客专属产品的个性价值与路易·威登品牌价值这两者相互结合之时,所产生的协同效果会给顾客带来极高的满意度,同时也提高了消费者对品牌的支持度。这或许是因为个性化产品使人产生了设计师与自己心心相印的想法。原本是消费者对品牌的单相思,通过个性化产品变成了与品牌的两情相悦，乃至相亲相爱。

消费者的个性化喜好和取向正在日益增强。这种发展趋势要求品牌对此能够做出积极的回应。那种只需要制作出优质的商品就能立足市场的时代已经结束了。现在这个时代，面对消费者千差万别的个性需求，品牌如何恰如其分地回应才是胜负的关键。

为什么路易·威登的店铺里总是人潮涌动呢？因为路易·威登总能满足顾客的需求，使他们在店铺里每次都能发现一些新的东西。市场的偏好在一刻不停地变化，如果不具备拉动引领市场变化的能力，品牌的魅力不免会逐渐消退。从这个意义上讲，路易·威登一直在不懈地努力着，并且，它的着力之处大多在消费者不能直接看到的地方。正因为如此，路易·威登才能在每季都能打造出对顾客极具吸引力的店铺。

兼顾传统又锐意创新，这句话说起来非常简单，实际操作起来却异常艰难。路易·威登正因为成功挑战这一难题，或者说不断成功挑战这个难题，才成为日本人心目中顶级的品牌。

路易酩轩集团的秘密

The secret of
ouis Vuitton

路易·威登撑起的庞大品牌帝国

在第Ⅰ部中，我们解说了路易·威登以及它的商品为何具有如此强大品牌力的原因。本书的第Ⅱ部将主要介绍作为"企业集团"的路易酩轩的方方面面。关于路易酩轩，其实也有许多令人感兴趣的事情。

一方面，路易·威登引领着全球品牌的商业扩张；另一方面，在奢侈品品牌大规模重组、再构方面，路易·威登也深深地介入其中。

前文已经介绍过，路易·威登的控股公司是路易酩轩集团，该集团是法国市值总额最高的企业，也是代表法国的跨国企业。领导路易酩轩集团的总裁伯纳德·阿诺特经常出现在法国富豪排行榜的第一名或第二名的位置上。

阿诺特缔造的奢侈品品牌帝国路易酩轩集团以路易·威登品牌为首，旗下还拥有迪奥、纪梵希、席琳、芬迪、唐娜·卡兰、罗威、珠宝品牌绰美和佛列德，以及钟表品牌真力时、豪雅，香槟品牌酩悦香槟和唐培里侬，还有环球免税店 DFS 和乐蓬马歇百货等 50 多个风格各异的品牌。

路易酩轩集团由以下五个业务部门构成：一是葡萄酒和高度酒；二是时装和皮革制品；三是香水和化妆品；四是钟表和珠宝饰品；五是精品零售。路易·威登隶属于路易酩轩集团内统括管理时装和皮革制品业务的路易酩轩时装集团股份公司。

如此介绍可能让人产生这样的感觉，路易·威登只是巨大时尚帝国路易酩轩集团中的一个品牌而已，其实不然，它在集团内的地位非常重要，明显超过其他品牌。路易·威登约占路易酩轩集团销售总额的四分之一、营业利润的三分之二。换句话说，路易酩轩集团是以路易·威登品牌为核心并拥有众多品牌的巨大商业帝国。

路易·威登在注重维护自身 155 年历史与传统的同时，构筑了独特的奢侈品品牌商业体系。这里有件让人觉得意味深长的事情，即缔造了路易酩轩集团这一品牌帝国的创始人伯纳德·阿诺特本人，在创业初期与路易·威登毫无关系。

此外，威登家族至今仍然掌控着"路易·威登工作室"，并负责生产路易·威登产品。路易酩轩集团虽说是控股母公司，但不直接参与路易·威登品牌的日常经营管理业务。也就是说，路易酩轩集团和阿诺特虽然掌握着旗下各品牌经营者的人事任免权，但是不直接经营管理路易·威登等旗下品牌，这是一种非常独特的经营管理模式。

或许正是路易酩轩集团的这种管理模式，才使得路易·威登成功地成为如此强大的奢侈品品牌。

路易酩轩集团的业务部门

LVMH
酩悦・轩尼诗-路易・威登

[ ] 内为品牌创立年份

葡萄酒和高度酒	时装和皮革制品	香水和化妆品	钟表和珠宝饰品	精品零售
■ 酩悦香槟 [1743]	■ 路易・威登 [1854]	■ 迪奥 [1947]	■ 豪雅 [1860]	■ DFS 环球免税店 [1961]
■ 凯歌香槟 [1772]	■ 罗威 [1846]	■ 娇兰 [1984]	■ 绰美 [1780]	■ 乐蓬马歇百货 [1952]
■ 克鲁格香槟 [1843]	■ 席琳 [1945]	■ 纪梵希 [1957]	■ 真力时 [1865]	■ 丝芙兰 [1970]
■ 梅西耶香槟 [1858]	■ 贝鲁堤 [1895]	■ KENZO [1987]	■ 佛列德 [1936]	■ 斯达伯德游轮免税店 [1963]
■ 修纳尔香槟 [1729]	■ 纪梵希 [1952]	■ 贝玲妃 [1976]	■ 克里斯汀・迪奥 [1975]	■ 莎玛丽丹百货 [1869]
■ 伊更堡 [1593]	■ KENZO [1970]	■ 美卡芬艾 [1984]	■ 戴比尔斯 [2001]**	
■ 轩尼诗 [1765]	■ 璞琪 [1947]	■ 馥蕾诗 [1991]	■ 宇舶 [1980]	
	■ 芬迪 [1925]			
	■ 唐娜・卡兰 [1984]			
	■ 托马斯・品克 [1984]			
	■ 马克・雅可布 [1925]			
	■ 克里斯汀・迪奥 [1946]*			

* 克里斯汀・迪奥高级定制归属于克里斯
  汀・迪奥股份公司，该公司拥有路易酩
  轩股份公司的50%股份与表决权。
** 戴比尔斯与路易酩轩的合资公司

第1章　路易酩轩集团的诞生和企业家阿诺特

老字号家族企业的所有权与经营权分离

路易·威登起步于家族企业，自 1854 年品牌创立以来，威登家族一直保持着工匠风格的家族企业管理传统。但是，1977 年，威登家族作出了一个大胆果断的决策，把家族企业的"所有权"和"经营权"分离（在这种情况下，也可以说是"工匠"和"经营者"分离）。提出这一建议的人，正是在本书中多次提到的原路易·威登日本公司的社长秦乡次郎。

从创业阶段开始，路易·威登一直致力于获得社会上流阶层客户的支持，由此开展稳健的家族生意。但是，就像前文所述，从 1970 年代起，日本顾客蜂拥而至法国巴黎总店。

根据经营状况的这种变化，以当时的第四代掌门人亨利为核心的决策层决定向外部咨询公司寻求帮助。这家公司就是前文提到的毕马威会计事务所，当时负责路易·威登项目咨询的正是日本人秦乡次郎。

根据路易·威登当时面临的顾客过度增长、无法应对市场需求的状况，秦乡次郎给出的咨询结果，不仅鼓励路易·威登进军日本市场，还对管理层提出了建立商业精英组成的经营团队的建议，这意味着企业的所有权与经营权分离。

收到咨询公司的提案后，亨利成立了控股公司即路易·威登箱包，并从外部招聘了职业经理人。从此，以路易·威登为核心的令人意想不到的剧情拉开了序幕。

1977 年，为了分离公司的所有权和经营权，路易·威登箱包股份公司顺利组建，威登家族的第四代传人亨利退居该公司的董事长。公司总经理一职由没有血缘关系但却是家族女婿的亨利·拉卡米耶（Henry Racamier）担任，主要掌管公司的生产和销售部门。拉卡米耶当时 65 岁，曾担任钢铁公司的经理。除拉卡米耶之外，经营团队中的首席执行官来自童装生产部门，财务部长则从汽车制造公司招募加入。

日本客人蜂拥至巴黎总店购物，一方面是因为路易·威登在世界范围内获得很高的评价，另一方面是由于法国之外没有销售路易·威登产品的店铺。秦乡次郎在此分析基础上，以专业咨询师的身份提出建议，为了阻止水货商贩不正当价格的市场销售，路易·威登应该以直营方式进入日本市场，并展开规范的经营活动。之后，事态的发展峰回路转，产生了意外的变化，最终由秦乡次郎本人亲自指挥路易·威登在日本的市场拓展。

所谓意外变化，是指路易·威登在准备聘用一位法国银行家担任日本分公司负责人这一职位时，发现他不懂日语，且能力上也无法胜任。变化带来的结果是秦乡次郎不得不挑起路易·威登进军日本市场的重任，这个市场拓展的建议最早也是由他提出的。

正因为秦乡次郎既是专业咨询顾问，又是路易·威登进军日本市场方案的提议者，他才能专注地创建出理想的商业模式，该模式继而在全球范围内被广泛采用，而路易·威登的销售业绩也以品牌进军海外市场为契机开始了令人惊叹的提升。

也就在这个时期，西班牙的高级皮革品牌"罗威"（Loewe）为获得更优质的国外销售渠道，也加入了路易·威登箱包股份公司。

路易·威登与高级酒品牌酩悦·轩尼诗的合并

❧

1986 年，路易·威登又迎来了一个事业发展的重要机遇。时任路易·威登箱包股份公司总经理的亨利·拉卡米耶做出了一个大胆的经营战略决策——合并。合并的对象是拥有众多高级名酒品牌的酩悦·轩尼诗公司，其品牌以酩悦香槟和轩尼诗为代表。

路易·威登的箱包和酩悦香槟等高级酒之间有什么联系，这一点乍看上去或许不能理解。但是，两者之间其实在"奢侈品"这一点上是共通的。另外，在商品构成和财务体制等方面，两者具有互补性，因此，合并可以说是两者完美的结合。

虽然路易·威登推崇稳健的经营风格，但在服装相关产业方面仍不可避免地存在诸多波动，例如受到世界性的经济危机、战争等突发事态的极大影响。与此相反，酒类业务却很稳定，即使在发生战乱、甚至颁布禁酒令等情况下，想喝酒的人还是会喝酒。但是，酿酒业却也是一个缺乏爆发式增长的行业。

正是基于两者对建立互补互利关系的一致认识，路易·威登集团和酩悦·轩尼诗集团选择了合并。

1987 年，两家公司以各自出资一半的方式成立了路易酩轩股份公司（LVMH）。在高管团队中，75 岁的亨利·拉卡米耶担任总经理，而酩悦·轩尼诗当时的总经理，50 多岁的阿兰·舍瓦利

耶（Alain Chevalier）担任经营会议议长。但如果说这两个人在个
人交往方面意气相投的话，恐怕并非如此。两家公司的合并终究
只是一个对双方来说有利于业务增长的选择而已。

　　我曾经和几位参与合并的人士交谈，由此得知当时亨利·拉
卡米耶与阿兰·舍瓦利耶两人的关系相当紧张。在为新公司命
名时，两人都寸步不让，最终决定：第一，公司名称用首个字母
拼写时，路易·威登在前，酩悦·轩尼诗在后，定为路易酩轩
（LVMH）；第二，公司全名则顺序反过来，定为酩悦轩尼诗·路
易威登（Moët Hennessy—Louis Vuitton）。在日本，银行间的合并
也经常有这样的情况，控股公司和参股公司之间，合并后的公司
名称在日文名称和英文名称里将合并前的两家公司名称的顺序颠
倒一下。就像这种情况一样，他们两家商定了"酩悦轩尼诗·路
易威登"（LVMH Moet Hennessy·Louis Vuitton）这样冗长的名称。
可以说，当双方都强烈地意识到这是一场平等的合并之时，就会
产生争夺公司主导权的氛围，这是一种相当危险的关系。

　　不过新诞生的路易酩轩集团在合并后不久就有了接二连三的
良好变化，其中之一，随着公司规模的扩大，为了成立高级时装
业务部门，游说并成功兼并了纪梵希品牌，将其纳入到路易酩轩
旗下时尚品类的高级时装业务中。

　　在酒类领域，路易酩轩集团成功收购了凯歌香槟，并与中国
香港怡和洋行（Jardine Matheson）以及英国著名酿酒公司健力士

（Guinness）合作。这三家公司至今仍然支持着庞大的品牌集团路
易酩轩（其后，在日本出现了喝香槟的热潮，这可能就是路易酩
轩集团"诱发"的）。

　　另外，此次合并也使另一个品牌加入了路易酩轩集团，这个
品牌在集团后续的发展中发挥了决定性的作用，这就是酩悦·轩
尼诗集团早年偶然拥有的香水品牌克里斯汀·迪奥（Parfums
Christian Dior）。该品牌后来也成为连接路易·威登和现任总裁伯
纳德·阿诺特之间的纽带，而创造这一契机的，恰是路易酩轩集
团两位高层领导的不合。

跨界经营的企业家发掘品牌潜力

在这里我们转换一下话题，谈谈领导着世界最大奢侈品品牌帝国路易酩轩集团的首席执行官（CEO，即最高经营决策者）伯纳德·阿诺特。事实上，阿诺特曾经生活在一个与时尚完全无关的世界里，但因为某种机缘，他比别人更早意识到高级品牌所具有的潜力和广阔的市场前景。

阿诺特早就预见到高级品牌的市场终将扩大至全球范围，因此，他成立了自己的公司，并且从1990年开始，通过路易酩轩集团的控股，收购了很多世界性的高级品牌。

阿诺特是理科出身，这一点让同样是工科出身并在商学院讲授"技术经营管理"课程的我感到亲切，因为我们都认为在经营中不仅需要"热情"更需要"逻辑"，不仅需要"感性"更必需"理性"，这都是为了在缜密分析的同时能创新，在创新的同时可缜密分析。逻辑严密的理科式思考方式能够最大限度地发挥涵盖设计的技术的力量，培育出新的商业模式，孕育出创意与革新。这个阿诺特正是引领路易·威登全球范围拓展的关键人物，他将在路易·威登品牌管理上取得的成功经验复制到控股的其他奢侈品品牌上面，由此引领全球奢侈品产业发展。在本章中，我们将探讨其过程和原因。

　　阿诺特 1949 年出生于法国北部的鲁贝市（Roubaix），父亲经营着一家叫费雷·萨维内尔（Ferret—Savinel）的建筑公司，该公司是法国知名的大型建筑企业。在富裕家境中长大的阿诺特是一个具有典型理工科气质的男士，在高中学习数学专业后，17 岁即取得法国大学的入学资格。

　　此后，阿诺特就读于培养精英的法国顶尖理科大学——巴黎综合理工大学，并于 1971 年毕业。巴黎综合理工大学也被翻译为国立理工大学，该校以毕业生中的众多官员而闻名，其课程设置类似于技术经营管理类的商科学院。

　　在法国，大学毕业生根据出身大学及持有毕业证书的不同，走向社会后，前程有着明显的差异。巴黎综合理工大学的毕业生被视为社会精英，因此可以获得比一般公司员工更好的劳动条件、起薪，以及更多的升任管理职务的机会。

　　阿诺特大学毕业后没有选择进入政界或大企业，而是回到老家鲁贝，以工程师的身份进入父亲的公司工作。他的父亲很早就开始放手让他负责公司的经营，进入公司 3 年后他开始担任公司董事，1977 年升为董事长。因此，阿诺特从 20 岁出头参与公司经营到 28 岁继承公司为止，不断积累着成为经营者的实践经验。

　　不久，阿诺特以一个经营者的身份开始显露头角，并将公司的主营业务从建筑业扩张为房地产开发。随即，他参与了在美国的一项公寓开发项目，而此次的美国之行成了他人生的重大转折，转折的契机则是他在美国与出租车司机之间一次偶然的聊天。在事后的采访中，他这样回忆起当时的情景。

"那是我第一次访问纽约的时候，当时乘坐的出租车的司机对我说：'啊，是法国人啊'，我于是问他关于法国知道些什么事情。当我问他知不知道法国总统的名字时，他回答说：'不知道啊。但是我知道克里斯汀·迪奥'。这个回答让我大吃一惊，迪奥竟然是世界上最有名的法国人。由此，我当即认定迪奥品牌具有无限可能性。"①

纽约出租车司机一番不经意的话震惊了年轻的阿诺特。他发现原来对于美国的一般市民来说，甚或对于全世界的人来说，克里斯汀·迪奥的知名度远远超过法国总统，是最能代表法国的客观存在。就这样，阿诺特意识到了时尚品牌拥有的无限潜力。

当时，作为设计师的克里斯汀·迪奥本人已去世20多年了，但他的名字依然留在人们的记忆中。而迪奥品牌的经营状况却非常不乐观，虽然拥有深厚的品牌价值，却仅在巴黎街头一角奋力挣扎。此时的阿诺特开始考虑，对于这个世界性的品牌来说当时的经营方式真的合适吗？这也太可惜了。法国的品牌应该走向世界⋯⋯

意识到品牌蕴含的巨大价值以后，阿诺特一直不断地主张"全

---

① 伯纳德·阿诺特、伊夫·梅萨罗比奇合著，杉美春译。《创立品牌帝国LVMH的男人——伯纳德·阿诺特访谈录》。日经BP出版社，2003年。

球战略""世界志向",而且,阿诺特觉得无论如何都要先买到迪奥这个品牌,为此他将不惜采取任何手段。

从结果来看,阿诺特 35 岁的时候得到了迪奥品牌,此后,他收购赛琳,得到路易酩轩集团的经营权,然后通过路易酩轩集团控股了很多品牌,这些内容本书后文将详细介绍。因为他的经营风格比较强硬,当时被讥讽为"专制的君主""冷酷无情的企业家"等。现在这种评论基本看不到了,但当时的媒体甚至形容他是"披着羊皮的狼"。

曾有记者这样描述阿诺特,他的妻子是美丽的加拿大人钢琴家,阿诺特本人也曾在世界著名指挥家小泽征尔的指挥下举办过慈善钢琴音乐会,具有很深的钢琴造诣。他的确是一个受到良好教育的资产阶级出身的人,与他激进的经营方法相反,他本人则给人一种沉稳内敛的印象,而且举止优雅。

他是一个笼罩在烟雾中的谜一般的人物。2009 年春季的一期《华尔街日报》副刊,甚至刊登了题为《追踪阿诺特——不为人知的私生活》的特辑。但是不可否认的是,正是伯纳德·阿诺特这个绝世仅有的企业家发现了"品牌"所蕴含的常人看不到的巨大价值,并通过经营路易酩轩集团而改变了全世界的高级品牌市场。

第2章 迪奥品牌的复活战

控股公司的经营危机影响到迪奥品牌

　　和路易·威登完全没有交集的阿诺特，为什么会成为路易酩轩集团的总裁呢？要了解其中的原委，必须先讲一下本章的关键品牌克里斯汀·迪奥的故事。

　　设计师克里斯汀·迪奥 1905 年出生于法国北部诺曼底地区的一个富裕的企业主家庭，他依照父母的期望立志成为外交官，在大学期间主修政治学，并和许多从事学术、文艺工作的人建立了友情（图21）。

　　但是，迪奥大学毕业后并没有踏上外交官的成长道路，而是选择从事艺术品交易，成为了一名画商。迪奥的顾客中有一位从事高级定制服装相关工作的人，这个人发现迪奥极具审美品位，于是建议他画一些服装设计的画稿。在不断交往的过程中，迪奥渐渐进入了时装界，当时他已经年过三十。

图 21　位于诺曼底格兰威尔（Normandy Granville）的迪奥先生的出生地,现为迪奥博物馆
（作者拍摄）

　　1938 年，迪奥以服装设计助理的身份开始起步，1946 年，
迪奥 41 岁的时候，因缘际会巧遇了日后的资助者马塞尔·布萨
克（Marcel Boussac）。布萨克是纺织行业内享有"棉花大王"美
誉的大富豪，他的纺织公司曾一度是法国最大规模的企业，并且
在其他各个领域均有投资。此外，布萨克还致力于将法国赛马提

升到了世界水平，他因此而具有很高的知名度，至今，法国还有以他的名字命名的 G1 赛马比赛。

迪奥的朋友是布萨克集团的高管，当时正在为进军高级时装界四处寻找设计师，迪奥恰好此时出现在他面前，布萨克被迪奥的审美品位彻底折服，两个月后，在布萨克的资助下，高级定制时装品牌克里斯汀·迪奥正式诞生。

迪奥公司诞生的第二年，即 1947 年，迪奥发布了 "花冠"（Corolle）系列的首次时装秀，该系列作品也被称为"新风貌"（New Look），一时间成为大家的热议话题，甚至美国的时尚界也对此赞不绝口。其后"新风貌"成功地将时装设计演变为一系列的社会现象，被誉为二战后法国时尚界的丰碑，甚至有媒体高度评价"新风貌"，认为其在战后的混乱时代里让人们重新找回心中对美的追求和喜悦。

"新风貌"将女性的优雅体现到极致的设计风格在法国取得空前成功，深受大众的欢迎。此后，迪奥逐年推出了一系列的作品：1948 年的"曲折系列"（Zig-zag）、1950 年的"垂直系列"（Verticale）、1951 年的"蜿蜒系列"（Sinueuse）、1953 年的"郁金香系列"（Tulipe）、1955 年的"A 型系列"、1956 年的"箭形系列"（Arrow）。可以说，正是迪奥引领了法国战后时尚界的发展。

不幸的是，1957 年 10 月，迪奥先生因心脏病发作突然辞世。当时，他的弟子皮尔·卡丹（Pierre Cardin）已经独立创办了自己的公司，因此，迪奥公司的大老板布萨克原本打算在迪奥过世后关闭公司，然而，考虑到公司的 1300 名员工，他又觉得不能轻易地结束经营。于是，布萨克决定找人接替迪奥的工作，并将公司继续经营下去，于是迪奥的得意门生伊夫 · 圣罗兰（Yves Saint Laurent）成为了接班人。

伊夫 · 圣罗兰生于 1936 年。1953 年，迪奥担任 IWS（国际羊毛局）举办的国际羊毛时装比赛评委，当时年仅 17 岁的伊夫·圣罗兰获得了 7 个项目中 3 项最优秀奖和女装礼服类设计大奖。顺便介绍一个本届比赛的另一个佳话，年仅 16 岁的卡尔·拉格菲尔德（Karl Lagerfeld）获得了大衣类的最优秀奖，他其后成为香奈儿的首席设计师而活跃于时尚界。

天才少年伊夫·圣罗兰加入迪奥后的作品获得市场的好评，但是，不久以后，因阿尔及利亚战争，他必须应征服役而离开迪奥公司。随后，马克·博昂（Marc Bohan）接任设计总监，他以继承迪奥先生的设计风格为第一要务，因此，他设计出来的产品虽然获得老客户的好评，但渐渐失去了时尚界的支持，也几乎不再出现在报纸的版面上。

由于争取不到新的顾客资源，迪奥公司陷入了和既存客户一起慢慢淡出时尚界的尴尬境地。迪奥品牌不能仅仅依靠追求迪奥设计风格而生存下去，这一点也是时尚界的难题。

迪奥公司最严峻的情况出现在 1968 年，酩悦·轩尼诗收购了迪奥公司一直经营的化妆品和香水业务，即克里斯汀·迪奥香水。

进入 20 世纪 70 年代，几乎全资拥有迪奥公司的马塞尔·布萨克集团在国际纺织行业不景气的背景下，加上总裁的专制管理等原因陷入危机。这家曾经是法国最大的纺织企业集团在经历了不断出售旗下企业、布萨克拿出个人财产挽救公司等手段的失败后，最终于 1978 年破产。与此同时，在经营上陷入极度困境的迪奥公司也前途渺茫，公司总收入的约 90% 来源于缺乏管理的品牌授权业务，而公司主体业务的旗舰店销售却出现赤字，迪奥公司及其经营状况真是到了让人无法评说的境地。

收购自身规模12倍的企业集团

❧❧❧

　　这个时候，伯纳德·阿诺特出现了。尽管阿诺特从事的建筑和房地产行业与时尚产业截然不同，但他一直在等待一个合适的时机进军时尚界。现在，他开始着手收购克里斯汀·迪奥。

　　1978 年，破产的马塞尔·布萨克集团虽然接受了大型流通企业的救助，但短暂维持后再度受困，于 1981 年向政府提出以政府主导的企业重组请求。这一时期，欧洲不断出现因家族经营失败导致的大企业破产，法国社会党的密特朗政府决定投入政府资金拯救法国企业，加速推进企业的国有化。

　　阿诺特认为法国社会党执政后的政策与自由主义经济背道而驰，法国的未来将一片灰暗，因此，他去了自己"最喜欢的国家"，在美国纽约生活了将近 3 年。他在美国继续经营家族产业的房地产公司，曾计划在佛罗里达的哈钦森岛（Hutchinson Island）大规模开发产权旅游酒店项目。但是，阿诺特最喜欢的美国并没有给年轻且经验尚浅的他轻易成功的机会，据说他的房地产开发项目没有取得多大的成果，最终以失败告终。

　　但另一方面，阿诺特在美国的经历为他今后的人生积累了很多宝贵经验。在美国生活的 3 年期间，阿诺特学到了重视资本运作的盎格鲁撒克逊式的经营手法，开拓了商业运作的全球视野。

特别是阿诺特吸收的美国式经营方法在路易酩轩集团成立后付诸实施，包括积极的企业并购、投资融资与销售渠道的拓展等。完成这些积累后，阿诺特回到了法国。

1984 年，阿诺特回到法国后立刻着手准备收购迪奥，但是，整个收购过程进行得并不轻松。阿诺特原本只是计划收购迪奥这一家公司，可是在收购过程中，阿诺特被要求整体并购布萨克集团，该集团由各类行业公司构成。

布萨克集团不是阿诺特能够简单并购的小规模企业，虽说该公司宣告过破产，但毕竟曾是盛极一时的法国最大企业，它的规模是阿诺特家族企业的 12 倍，一般看来这次收购将会极其困难。

阿诺特没有放弃此次收购，而是全力推进此次收购，他与法国投资银行联手，把自己的家族企业全部抵押，投入自己所有的资产。最终，他将布萨克集团和迪奥公司一并收入囊中，当时的阿诺特年仅 35 岁。收购完成后，他出任一度重组布萨克集团但没能成功的控股母公司，即阿加什金融公司（Financière Agache）的总裁。

迪奥公司虽然在迪奥先生去世后仍勉力经营，但布萨克集团破产后，公司的经营者多次变动。就在 35 岁的阿诺特英姿飒爽地试图收购迪奥时，酩悦·轩尼诗公司的阿兰·舍瓦利耶等其他大名鼎鼎的人物也都曾表示想要收购迪奥。但是，1985 年，最终出任迪奥公司总裁的人却是年轻的阿诺特，他的名字一夜之间传遍了法国时尚界。

阿诺特凭借这样的热情最终成功地收购了迪奥。前文中我们提到这一切缘于阿诺特在美国和出租车司机的一段对话，但很显然阿诺特不是那种仅靠激情就做出决定的单纯男人，这个决定是他将家族企业全部抵押担保并奋力一搏，阿诺特显然是在拥有成熟的方案之后才开始这场收购的。

阿诺特在收购迪奥前，曾关注过另一个代表法国的时尚品牌香奈儿。创始人加布里埃·香奈儿（Gabrielle bonheur Chanel）1971 年去世后，香奈儿品牌由她的学生勉力支撑，但公司的灵魂人物可可·香奈儿的离去对公司的影响非常巨大，之后的品牌进入了类似"冬眠"的状态。

转机出现在 1983 年，卡尔·拉格菲尔德担任了香奈儿的首席设计师，香奈儿公司转而复活。卡尔·拉格菲尔德当年执掌公司的高级定制时装部门，第二年则兼任执掌高级成衣部门，在他的领导下，香奈儿时尚名门的熠熠光辉开始全面复活。香奈儿公司的销售额在卡尔·拉格菲尔德加入后一举增长了 20 % 以上。

在执掌香奈儿之前，卡尔·拉格菲尔德已经在芬迪的高级成衣部门取得了不俗的业绩，他所拥有的设计师的能力着实让人惊叹佩服，他既能够充分发挥这两个品牌的原有特征，又能自由自在地展现自身的设计才能。

卡尔·拉格菲尔德在设计时最大限度地尊重时尚名牌固有个

性的同时，为品牌注入新的创意，在他独特的创意与缜密的计算之下，品牌都焕发出新的活力。与此同时，卡尔·拉格菲尔德还经营着自己的品牌，并一度担任克洛伊（Chloé）品牌的设计师。因此，直到今天，人们仍然尊称他为"活着的传奇""时尚大帝"，或者"皇帝卡尔"。

通过香奈儿的案例，阿诺特确信这样的事实：底蕴十足的品牌即使短暂地陷入低迷，也必定会有浴火重生再度辉煌的机会。

起用意大利设计师遭受非议

根据阿诺特亲友的回忆，阿诺特当年在考察香奈儿复苏的过程中，嘴里经常念叨"迪奥品牌不亚于香奈儿"。迪奥并购完成后，阿诺特随即展开了以香奈儿为范例的迪奥品牌复活。

1987 年，迪奥公司录用了一名女性员工，比阿特丽斯·鲍基巴尔特（Beatrice Bongibault），她十几岁进入时尚界，一开始负责广告和高级成衣部门的工作，其后负责过几乎所有部门的工作，她在工作中逐渐加深对时尚界的理解，并得到业界的认可。她 27 岁时开始参与香奈儿的经营活动，作为负责高级成衣部门的执行总监，她在经营方面为香奈尔的复活和重新焕发活力做出了贡献。

据说香奈儿复活第一功臣卡尔·拉格菲尔德的录用决定就是由鲍基巴尔特作出的，她是一名优秀的职业女性，不仅具有良好的整体掌控度，还能很好地把握工作细节。

阿诺特十分欣赏鲍基巴尔特的工作能力，因此把她从香奈儿公司争取过来，聘她为迪奥公司的副总裁。鲍基巴尔特转投迪奥公司在当时的时尚界引起一些关注，那是因为年仅 35 岁的鲍基巴尔特也是法国女性仰慕的对象。

阿诺特出身于建筑和房地产行业，擅长企业并购和资本运作，经营迪奥公司则是他首次接触时尚界，他基本属于这个行业的新人。因此，对阿诺特而言，来自香奈儿且具有丰富工作经验的比阿特丽斯·鲍基巴尔特是一个值得信赖的助手。

另一方面，鲍基巴尔特热爱高级名品的生产制作，在辅佐阿诺特的过程中她做出了最有成效的贡献。

为推进迪奥品牌的重整，阿诺特首先推行管理层的年轻化，这个策略的核心就是鲍基巴尔特，由鲍基巴尔特着手进行彻底的改革。但是，对于已经深陷危机的高级成衣品牌进行改革，并不是仅仅依靠更换营业经理就能办到的，改革成败与否与首席设计师的关系重大。

长期担任迪奥公司首席设计师的马克·博昂此时已经不具备引领时尚的能力，如果要重整名门迪奥，就需要更具活力和崭新才能的人选加入。因此，鲍基巴尔特决定采用香奈儿成功复活时使用的同样方法。

1989 年，鲍基巴尔特在众多的候选人中选择了意大利知名设计师詹弗兰科·费雷（Gianfranco Ferre），她任命费雷为高级定制时装、女式高级成衣、皮革制品以及配饰等部门的负责人。

人事变动之后，马克·博昂表示了不满，认为自己在迪奥公司工作了 30 后被冷酷放逐，业内也传出对他表示同情的声音。据悉卡尔·拉格菲尔德甚至对记者表示："给伯纳德·阿诺特这样的人工作还不如失业。"

然而，具有讽刺意味的是，2001 年，拉格菲尔德担任首席设计师的芬迪公司也被阿诺特的路易酩轩集团纳入麾下，曾经谴责过阿诺特的拉格菲尔德，在接受电视采访的时候说："不论老板是谁，我只是尽力做好自己的分内工作。"他对阿诺特态度的巨大变化让我至今记忆犹新。

迪奥大胆起用詹弗兰科·费雷一事，在若干方面非常具有震撼性。首先，费雷是意大利人，且没有在法国从事过任何生产制作；仅仅是外国人也还能接受，没有在法国的业绩和声望，这一点遭到业内的质疑；甚至出现像摩纳哥的卡罗琳公主那样的顾客，她宣布"今后再也不穿迪奥品牌的衣服了"。

但是，无论是费雷还是鲍基巴尔特，他们都认为应该和陈腐的观念告别了。阿诺特认为费雷对于重整迪奥品牌无可取代，因此对鲍基巴尔特的选择给予了坚定的支持。

1989 年 7 月，巴黎时尚周拉开序幕，费雷顶着周围巨大的压力，毫无保留地发挥出自己的全部才能，对此媒体赞不绝口，他还获得金顶针奖，该奖是巴黎时尚周的最高奖项，颁发给最佳设计作品的设计师。经过这个过程，迪奥品牌终于完全复活。

迪奥品牌复活后的 1990 年 12 月，引领迪奥复兴的重要人物鲍基巴尔特遭到辞退，以时尚界为中心这个新闻很快就在全世界广泛传播，对于亲眼目睹了迪奥品牌成功复活的人们来说，很难马上接受这一事实。

当时，在海湾战争的心理阴影下，人们对未来充满迷茫。因此，有关辞退一事也可以理解为鲍基巴尔特需要承担品牌业绩恶化的责任，但不管怎么说都事出突然。而围绕着阿诺特，其后此类的辞退事件仍不断发生，所以也有人认为他是一个冷酷无情的合理主义者，他依照既定战略网罗合适人才，而在战略调整之时毫不留情地将人弃用。正是由于这些问题，阿诺特总是引起媒体的密切关注。

但是，与鲍基巴尔特一起工作的经历，直到后来仍然对阿诺特的经营哲学有着重大影响。例如，大胆起用兼具话题性和实力的设计师、舆论媒体的曝光、大量的公共宣传提升品牌形象等。

迪奥品牌的复活过程中，迪奥先生确立的品牌授权业务被彻底改革，取而代之的是通过严格管理商品及销售渠道提升品牌形象，更加注重管理层从而促进品牌复活、提高利润等。这些经验随后也被用在其他品牌的经营管理上面。

第3章 创建品牌联合企业的野心

从法国纺织业巨头起步的品牌经营

　　自1984年收购迪奥品牌后，阿诺特逐渐掌握了时尚界的经营知识和技巧，1987年借助企业良性运行的机遇顺势将席琳品牌也收归旗下。同年，他还在众多旗下品牌中，设立了唯一的自主培育品牌——克里斯汀·拉克鲁瓦（Christian Lacroix）。

　　阿诺特担任总裁的阿加什金融控股公司除拥有管理以上三个品牌的奢侈品产业部门以外，还拥有并购布萨克集团资产带来的另外两个业务单元，一是流通业务部门，包括世界首家百货商店乐蓬马歇百货公司和主营家居用品业务的康夫罗马公司（Conforama）；二是工业制造部门，包括主营纺织品业务的布萨克公司和主营包装业务的圣佛赫斯公司（Sann Fréres）。

　　就在将席琳品牌收归旗下的1987年，阿诺特向路易酩轩集团发出收购部分业务的邀约，那是因为虽然同属迪奥品牌，但迪奥的香水业务即克里斯汀·迪奥香水却属于路易酩轩集团，因此阿诺特非常希望能收购这部分业务。但是邀约发出后，阿诺特意外地收到了路易酩轩集团反而打算收购迪奥品牌核心业务（高级时装）的请求。

当时的路易酩轩集团旗下主要由三个业务部门构成，即以路易·威登和罗威为主的时尚奢侈品业务；以酩悦香槟、轩尼诗等为主的干邑白兰地及红酒业务；以克里斯汀·迪奥香水、纪梵希香水为主的香水及化妆品业务。

如前所述，路易酩轩集团内部此时正在进行着高层权力的争斗，主导路易威登箱包公司的亨利·拉卡米尔和主导酩悦·轩尼诗业务的阿兰·舍瓦利耶之间关系紧张，且在经营方针上存在重大分歧，双方围绕公司经营主导权的争夺处于一触即发的白热化状态。

双方对峙中，阿兰·舍瓦利耶首先发起攻势，他争取到公司大股东吉尼斯（Guinness）的支持，在董事会中取得优势。陷入困境的亨利·拉卡米尔向伊夫圣罗兰公司总裁皮埃尔·贝尔热（Pierre Berge）以及爱马仕公司总裁让·路易·杜马斯（Jean-Louis Dumas）求援，但没能获得成功。

因此，拉卡米尔开始关注当时39岁的伯纳德·阿诺特，在他看来，阿诺特和他的儿子或孙子辈份的人心理年龄相仿，是个比较容易掌控的对象。拉卡米尔认为如果能说服阿诺特加入自己的阵营，就可以让阿诺特持有股份，这样两人就可以联手抗衡舍瓦利耶。

但是，从美国历练归来的"企业并购天才"阿诺特考虑的却不是合作，而是虎视眈眈地准备并购对方。为了筹集并购资金，阿诺特大胆地售出了自己的工业部门布萨克公司和 Sann fréres 公司。对阿诺特来说，与其持有法国屈指可数的纺织企业布萨克，不如选择路易酩轩集团的众多品牌。

1988 年 6 月，以此次出售旗下业务的资金，阿诺特集团与路易酩轩集团达成收购对方 30% 股份的投资协议。这也是拉卡米尔为了得到阿诺特的支持以对抗舍瓦利耶所必须付出的代价。但是，拉卡米尔直到事后才发现这个决定是一个巨大的错误。

阿诺特在争得路易酩轩集团同意的前提下，一步步推进股份的收购。到 1988 年 9 月的时候，他已经拥有路易酩轩集团约四成的股份，于是他的父亲吉恩（Jean）出任路易酩轩集团监事会主席。

1988 年末，尽管阿诺特大量收购了路易酩轩集团的股份，但集团最高决策层仍然维持着拉卡米尔和舍瓦利耶两人分治的双头格局。然而，当时已经成为公司大股东的阿诺特绝不会满足于这样的状态。

刚刚进入 1989 年的 1 月，阿诺特用暗中准备的大量资金，在巴黎证券交易所开始了对路易酩轩集团股票大扫货。这场巴黎证券交易所开市以来前所未有的巨额交易不仅震撼当时的市场各方，至今仍是人们的谈资。阿诺特在 36 小时的交易时间内一举购进了约 8% 的路易酩轩集团股份，如此一来路易酩轩集团事实上成为了阿诺特的囊中之物。

一周后，阿兰·舍瓦利耶被迫辞去集团经营会议议长的职务，第二天伯纳德·阿诺特接任该职务。至此，舍瓦利耶已经再无可能掌握公司的主导权。接下来，阿诺特随即展开与亨利·拉卡米尔的正面决战。

在这场决战中，阿诺特在经营会议上提出"将董事的退休年龄定为 70 岁"（拉卡米尔已年过 70）等提议，双方甚至动用律师和私人侦探展开权力争夺的拉锯战。决战终于在同年 5 月结束，亨利·拉卡米尔黯然神伤地离开了路易酩轩集团。至此，路易·威登家族成员和亲属从路易酩轩集团的经营阵容中消失。

当时，路易酩轩集团的总资产约为 170 亿美元，是巴黎证券交易所最大的企业。将如此规模的大型企业的总裁拉下马，并将世界最大的奢侈品公司路易酩轩集团收入囊中的，正是当时年仅 30 多岁的伯纳德·阿诺特。但是，阿诺特的目标却不仅仅止步于得到路易酩轩集团。

创建世界最大的奢侈品公司

❧❧❧

伯纳德·阿诺特在收购路易酩轩集团后，成功地将迪奥品牌的香水业务和时装业务合二为一，这是自1968年酩悦·轩尼诗公司收购克里斯汀·迪奥香水业务以来，长期分离的香水和时装这"两个迪奥品牌"的再度相会。

迪奥品牌在这场并购中扮演了阿诺特和路易酩轩集团结缘的爱神丘比特角色。年轻的野心家阿诺特没有放过亨利·拉卡米尔和阿兰·舍瓦利耶两人不合的绝妙机会，在最佳的时机发动了总攻。

这场并购大战给法国社会各界带来巨大的冲击，针对媒体发出的诸如"劫持犯""赌徒"等责难声音，阿诺特辩称向不受流行影响的高级商品领域的投资，其有效性和市场成长性非常高，这项投资不过是基于这个理由的一个经营决策而已。

阿诺特这样表明心迹："我绝不是赌徒。我只是以打造世界最大的奢侈品公司为明确目标，一直稳扎稳打地奋斗至今，现在，我终于实现了这一目标。今后的目标是将现有的事业在世界范围内进一步拓展壮大。"[①]

---

① 《伯纳德·阿诺特创造的时尚帝国》，见《W日本》1990年8月号。

这番话表明了阿诺特从一开始就有建立世界性品牌联合企业的明确目标。在收购完成的第二年，克里斯汀·迪奥公司在巴黎证券交易所挂牌上市。实际上，这件事原本是路易酩轩集团构想的计划，收购前的 1987 年，时任路易酩轩集团总裁的亨利·拉卡米尔访问日本时曾留下这样的话语："我们公司一直致力于生产销售所有与高收入阶层的生活方式相关联的商品，与轩尼诗公司一起设立股份公司也是实现这个目标的一个环节。"拉卡米尔还说："最近路易·威登也开始销售围巾了。但是，仅以我公司的力量一切从零开始做起，需要花费太多的时间。而消费者的喜好却迅速变化，我们希望能尽早实现品牌经营的综合化。今后将积极推进资本运作和企业并购。"

这番话听起来就像是后来成为路易酩轩集团总裁阿诺特说的话，由此可以认为路易酩轩集团能够发展成当下这种品牌联合企业的起因实际来源于亨利·拉卡米尔早前的计划。

亨利·拉卡米尔当时肯定是这样计划的：路易·威登的箱包世界闻名，今后也将继续活跃在世界舞台上。但是，路易·威登品牌当时的商品只有字母组合图案系列箱包，今后如果要开展新品类的业务，必须要制造出不辱没"路易·威登"品牌之名的商品，这并不是一件朝夕之间就能完成的事情。因此，从战术上考虑，直接收购其他公司的具有相当知名度的现有品牌是可行的。

品牌联合企业因为拥有数量众多的各品类的优秀品牌，因此企业就可以整合各类顶级商品。路易酩轩集团将这种商业模式一直沿用至今，究其本质，就是阿诺特将开始于亨利·拉卡米尔的路易酩轩集团的经营构想贯彻至今。

阿诺特凭借资本的力量在争夺企业主导权的斗争中胜出后，于 1990 年担任集团总裁，经过短暂的内部体制调整，1993 年开始再次进入活跃期，他采取了积极的具有代表性的新策略——品牌收购与起用年轻设计师等。

在路易酩轩集团灿若星辰的众多品牌中，日本人对"高田贤三"（KENZO）品牌拥有一份特殊的情感。路易酩轩集团旗下品牌中只有高田贤三品牌是由非欧美设计师创建的。1993 年，高田贤三品牌因经营不善开始与路易酩轩集团合作。

此后，路易酩轩集团仍不断地实施并购战略。1999 年，发生了一起对路易酩轩集团，或者说对时尚品牌业界来说可以载入史册的大事件，在这一年，震惊全球时尚界的"古驰（Gucci）争夺战"全面爆发，争夺战主角之一正是伯纳德·阿诺特。

第4章　持续并购扩张和"古驰（Gucci）战争"

持续两年多的古驰争夺战

1999 年，银行托管的品牌的股票，以及投资公司持有的品牌的股票等同时面向市场出售，于是品牌并购战争的导火索拉响了。在这种股票供应明显增大的情况下，即使原本经营稳健的独立品牌也受到了质疑，转而开始寻找商业合作伙伴。这一年，整个时尚界都卷入到了合纵连横的大潮之中，路易酩轩集团自然不会放过这一天赐良机，大胆地进行了多场大规模的收购。

这一年中，路易酩轩集团并购了大量的品牌，其中有知名品牌绰美（Chaumet）、真力时（Zenith）、豪雅（TAG Heuer）、克鲁格（Krug）、吕萨吕斯酒堡（Château d'Yquem）、硬糖 (Hard Candy)、贝玲妃（Benefit）、托玛斯·品克（Thomas Pink）、浮生若梦（Make-Up Forever）、玉宝（Ebel）等。路易酩轩集团还与一直以来的亲密伙伴普拉达联手出资获得了芬迪品牌 51% 的股份。

但是，也有知名品牌成功地抵挡住了阿诺特的攻势，古驰品牌就是其中之一，他们拒绝加入路易酩轩集团。古驰的 CEO 多米尼克·德·索尔（Domenico de Sole）强烈希望品牌能够独立发展，不愿意被路易酩轩集团等庞大资本收购，因此，古驰对阿诺特的收购展开了顽强的抵抗。

事态的发展已经到了不仅仅是抵制阿诺特的收购那么简单的状况，古驰向碧诺·春天·雷都集团（Pinault Printemps-Redoute，简称 PPR）求援，扮演"白马王子"角色的 PPR 集团于是将古驰品牌和旗下的伊夫·圣罗兰等品牌合并，组成了 PPR 集团奢侈品部门，即古驰集团（Gucci Group）。古驰集团于是成为仅次于路易酩轩集团的时尚界第二大集团（不含珠宝钟表业务）。若包含珠宝钟表业务，古驰集团则排在拥有卡地亚（Cartier）等品牌的历峰集团（Richemont）之后，居第三位。

古驰品牌由古驰奥·古驰（Guccio Gucci）于 1922 年创立，当时是开在佛罗伦萨（Florence）的进口皮革制品零售店。店铺开张后，古驰的皮革制品、竹节包（Bamboo Bag）、莫卡辛软面皮鞋（Moccasin）相继取得了热卖的市场业绩。1953 年，古驰在美国纽约第五大道开设店铺，销售的商品成为战后美国身份的象征而盛极一时。但之后，古驰家族内部产生纷争甚至引发杀人事件，公司经营一度陷入困境。

概观 20 世纪 80 年代后期开始的时尚界，阿诺特通过控股公司成功并购众多时尚品牌，以此为契机，各家投资公司逐渐开始将品牌公司列为投资的对象。当古驰公司陷入困境时，中东的投资公司巴林私募基金（InvestCorp）开始购买其股份并掌控公司的经营权，古驰家族则退出公司。

1990 年，巴林私募基金为了激活品牌聘请汤姆·福特（Tom Ford）加盟古驰女装部，并于 1994 年任命他为艺术设计总监。此外，前古驰美国分公司 CEO 多美尼克·德·索尔被委任为总公司的 CEO，并负责公司整体的经营重整。1995 年，按照当初的计划，古驰公司的股票挂牌上市，巴林私募基金将拥有的股份全部上市售出并成功退出。于是，古驰公司的大量股份流入市场。

1998 年，普拉达公司收购古驰公司 9.5% 的股份，成为当时的第一大股东。多美尼克·德·索尔总裁拼尽全力回购分散在市场的股份，据 1998 年上半年财报披露，索尔共回购了 64 万股，合计持有约 230 万股。

进入 1999 年，"披着羊皮的狼"的阿诺特开始收购古驰公司的股票。当年 1 月 6 日，路易酩轩集团宣布已拥有古驰 5% 的股份。

1 月 12 日，普拉达宣布将其拥有的 9.5% 古驰公司股份转让给路易酩轩集团，这件事让人们明白了路易酩轩集团和普拉达公司的业务提携关系。此时，路易酩轩集团已是古驰公司的大股东，至少拥有其 14.5% 的股份，因此，路易酩轩集团正式启动收购古驰的行动。

1 月 15 日，路易酩轩集团对外公布拥有 26.7% 的古驰股份；1 月 17 日，路易酩轩集团发表声明保证古驰的独立性；1 月 25 日，路易酩轩集团取得古驰股份的 34.4%；2 月 11 日，路易酩轩要求派人担任古驰公司的管理职务，遭到古驰公司拒绝；其后，古驰公司试图通过增发新股等手法抵制收购；3 月 19 日，古驰公司方面宣布为应对路易酩轩集团的强势收购，将与法国著名零售商 PPR 集团组成资本联盟正式应战。

就在古驰公司发布应战声明的当天下午，路易酩轩集团开始反击。路易酩轩集团以高于 PPR 的价格向市场提出要约收购（TOB）。此后，收购态势每时每刻都在变化，甚至发生了双方互相控告对方名誉侵害的诉讼等事件，整个收购陷入了激烈的拉锯状态。直到 2001 年，这场争夺战才有了最终的结果。

最终，古驰公司成功逃脱了路易酩轩集团的并购，赢得了这场争夺战的"胜利"。但是，对于路易酩轩集团在这场大型争夺战中究竟是否"败下阵来"，各方的看法存在分歧。

从最终结果来看，路易酩轩集团将所持有的全部古驰股份以高价出售给了 PPR 集团，获得了巨额利润。也就是说，路易酩轩集团在金钱回报方面获得了胜利。阿诺特自己也曾说，虽然没能成功收购古驰，但是结果的作用还是积极正面的。

世界级品牌并购的合纵连横潮流

虽然没能成功收购古驰公司，但路易酩轩集团此时却变得更加强大了。和阿诺特从20世纪80年代就开始并购时尚品牌的法国不同，在意大利等其他国家，依然存在着许多固守家族经营的老字号品牌。

这些品牌即使没有陷入经营危机，也不可避免地被卷入到合纵联横的并购大潮中。这股并购的大潮流逐渐将品牌并入以下四个大型企业集团。

① 法国路易酩轩集团（LVMH/ Moët Hennessy Louis Vuitton S.A）

路易酩轩集团旗下拥有路易·威登等50余个品牌。2008年度，集团的销售额达到171亿9300万欧元（按照2008年平均汇率1欧元约等于152.29日元计算，约合2兆6183亿日元）。

② 瑞士历峰集团（Richemont）

历峰集团旗下拥有卡地亚（Cartier）、梵克雅宝（Van Cleef & Arpels）、伯爵（Piaget）、万宝龙（Montblanc）、克洛伊（Chloé）、登喜路（Dunhill）、兰姿（Lancel）等品牌。2008年，集团销售额为54亿1800万欧元（约8074亿日元）。

③ 法国古驰集团（Gucci Group）

古驰集团旗下拥有古驰（Gucci）、伊夫·圣罗兰（Yves Saint Laurent）、左岸（Rive Gauche）、亚历山大·麦昆（Alexander McQueen）、葆蝶家（Bottega Veneta）、塞尔吉奥·罗西（Sergio Rossi）、斯特拉·麦卡特尼（Stella McCartney）、巴黎世家（Balenciaga）和宝诗龙（Boucheron）等品牌。古驰集团相当于 PPR 集团的奢侈品部门。PPR 集团是一家拥有春天百货（Printemps department stores），经营范围涵盖从高级商品到建筑材料、电子产品以及日用品等的多业种多业态综合企业集团。2008年，古驰集团的销售额为 33 亿 8000 万欧元（约 5147 亿日元）。

④ 意大利普拉达集团（Prada Group）

普拉达集团旗下拥有普拉达（Prada）、丘奇（Church's）、阿瑟丁·阿拉亚（Azzedine Alaia）、杰尼（Genny）、卡秀（Car Shoe）等众多品牌。

另一方面，有些品牌则像潜水艇一样从这股并购的潮流之下缓缓驶出，如香奈儿（Chanel）、爱马仕（Hermes）、乔治·阿玛尼（Giorgio Armani）、菲拉格慕（Ferragamo）、宝格丽（Bulgari）等欧洲的重量级品牌，还有美国的蒂芙尼（Tiffany）。但是，这些品牌以外的其他中小品牌，它们在这场世界规模的并购狂潮中却被迫做出二选一的抉择，要么投入某个品牌集团的旗下，要么向这些巨型品牌集团挑战而陷入艰难经营的困境。

在这场并购混战中，中小规模的时尚品牌向大型品牌集团推销自己的利器即"品牌力"，其中包含两个方面，一是设计制造卓越商品的能力，另一个则是国际知名度。对于收购方来说，收购国外品牌，同时也意味着获得该品牌所在国家的销售网络和生产基地。

从这个意义来看，对于路易酩轩集团来说最具代表性的收购应该是2000年和2001年收购的意大利品牌埃米利奥·璞琪（Emilio Pucci）和美国品牌唐娜·卡兰（Donna Karan）。通过收购拥有玛丽莲·梦露这样的老顾客而知名的埃米利奥·璞琪品牌，路易酩轩集团拥有了在意大利的销售网络和生产基地。

此外，美国品牌唐娜·卡兰是由设计师唐娜·卡兰（卡兰为前夫的姓）和丈夫史蒂芬·韦斯夫妻二人在1985年创建的品牌，他们得到了安克莱恩设计公司前经理泷富夫的大力帮助。唐娜·卡兰与拉尔夫·劳伦（Ralph Lauren）、卡尔文·克莱恩（Calvin Klein）三人被誉为纽约的三大设计师。

但是，唐娜·卡兰品牌由于管理不当，品牌形象继创立后不断下降，股价也跟着持续下跌，经营状况出现混乱，此时，路易酩轩集团将其收购。对于路易酩轩集团来说，为开展全球业务，在拥有巨大市场的美国寻找一个立足点至关重要，收购唐娜·卡兰后路易酩轩集团加快了它的国际化战略步伐。

很多人可能会这样认为，各品牌加入庞大的品牌集团后会感受到拘束，并接受来自总部的强制管理，但事实并非如此。某品

The secret of
Louis Vuitton

牌总裁在品牌被路易酩轩集团收购后接受采访时如此回答："失去自由？完全没有的事。路易酩轩集团让我们按照自己的方式经营。对我们来说，这是一场愉快的收购。"

这个回答或许稍微有点外交辞令的感觉，但品牌被收购了为什么总裁还会说很愉快呢？具体原因后续章节会展开说明，这里先说结论，这是因为路易酩轩集团的"统治方法"。正因为如此，即使路易酩轩集团内部经营管理时有摩擦发生，但路易·威登的事业坚如磐石。

在日本，路易酩轩集团的品牌在东京、银座开设多家店铺，毋庸置疑，在银座开店需要巨大的资金支持。珠宝品牌绰美自加入路易酩轩集团后经营规模日益扩大，反之，绰美则几乎不可能在地价昂贵的银座和表参道等一级黄金地段开设店铺。

也就是说，对于中小品牌来说，加入大型品牌集团的同时，也是一个扩大企业规模的绝好机会。

唯一的例外——拉克鲁瓦（Lacroix）品牌的失败

路易酩轩集团和阿诺特构建了全球最大的奢侈品品牌商业体系。阿诺特认为，采取收购既有品牌的方式开创新领域的业务更为有利，一则节约时间，二则节约成本。路易酩轩集团坚定地实施了这种经营风格，并在短期内大量并购全球性品牌，成功地迈入世界大型企业之列。

但是，路易酩轩集团的品牌经营也曾有过失手的时候。古驰公司的收购算是一例，另外还有一例是阿诺特没有坚持自己的经营风格，这就是他意图亲力打造的品牌，也是集团业务中唯一的一个例外，即克里斯汀·拉克鲁瓦（Christian Lacroix）品牌。

阿诺特邂逅拉克鲁瓦是在取得路易酩轩集团控股权之前。他对拉克鲁瓦的设计草图一见钟情，决定自己出资委任拉克鲁瓦创立高级定制服装品牌，如同当年资助克里斯汀·迪奥的马塞尔·布萨克，阿诺特对拉克鲁瓦情有独钟。

阿诺特与拉克鲁瓦两人相见于 1987 年 1 月，很快双方就于当年 2 月签署了协议。当时的拉克鲁瓦还在其他品牌工作，据说因为他的临时辞职还产生了诉讼赔偿。当时只有 37 岁的阿诺特决意出资设立高级定制服装品牌，这是自 1962 年伊夫·圣罗兰设立高级定制服装品牌以来久违的事件，媒体对其赞赏有加，但同时也有人质疑是否投资过多。

阿诺特期望拉克鲁瓦品牌在短时间内达到与迪奥不相上下的规模，因此不断加大投入，以致出现了高额赤字。第二年，阿诺特仍然决定继续追加投资，这在当时看来是一次巨大的赌博。阿诺特从没有在拉克鲁瓦以外的任何一个品牌上投入过如此之多的热情。

克里斯汀·拉克鲁瓦（Christian Lacroix）1951年出生于法国，曾担任日本设计师芦田淳的助手近十年，而且在其他多个知名服装品牌公司工作学习过。他得到阿诺特的青睐，幸运地获得了打造高级定制服装品牌的机会。

阿诺特对拉克鲁瓦拥有强大的信心，当被问到欣赏的服装设计师是谁的时候他曾说过，"就是克里斯汀·拉克鲁瓦。我看到他设计稿的一瞬间，就认为他是个天才。他是一个极具魅力的男人"。① 而对于投资过多的批评，阿诺特则用坚定的语气表示对前景看好。

"我对拉克鲁瓦进行投资的时候，受到来自周围的各种批评。这些人也许并不理解商业的本质吧。他们早晚会明白，在我们过去进行的投资当中，只有拉克鲁瓦才是最有价值的一个。"

"高级定制服装虽然容易出现亏损，但只要把握好高级成衣、

---

① 《伯纳德·阿诺特创造的时尚帝国》，《W日本》1990年8月号。

配饰、香水以及化妆品这些盈利部分，就一定可以创造利润。拉克鲁瓦如果以这样的速度不断成长，他必将成为最伟大的设计师。"①

但是，拉克鲁瓦的经营开展得并不顺利。《哈佛商业评论》2002年3月号的总编辑采访中，当阿诺特被问到失败的品牌时他如下阐述。"成功前需要走过漫长的道路，商业行为中也存在着到底是失败了还是学习体验了这种不能一概而论的情况，克里斯汀·拉克鲁瓦就是这样。"

此外，当被问到为何不关闭无法提高收益的拉克鲁瓦店铺时，他这样回答。"我从拉克鲁瓦学到很多东西，例如学到一个品牌从零开始究竟如何做才能成功等，在这个意义上拉克鲁瓦就像一间实验室。最初我认为拥有了像克里斯汀·拉克鲁瓦这样的天才设计师就不会有问题，但后来才明白仅有天才是无法成功的。即使拥有伟大的才能，品牌也无法从零开始建立。说实话，明白了这些道理，我也受到了打击。品牌必须要有传统，没有什么捷径可走。"

阿诺特放弃持续亏损的拉克鲁瓦的传闻在业界多次流传，每次听到这些传闻，我都认为阿诺特应该不会放手，因为拉克鲁瓦是阿诺特的梦想。我希望在这份热切的心情中能够看到被称为冷

---

① 《伯纳德·阿诺特创造的时尚帝国》，《W日本》1990年8月号。

酷无情的阿诺特人性化的一面。

　　但是，2005 年，路易酩轩集团将克里斯汀·拉克鲁瓦出售给了美国一家经营免税店的公司。2009 年，克里斯汀·拉克鲁瓦破产，不得不寻找救济收购的公司。最后品牌被阿拉伯的投资公司救济收购，品牌也得以继续运作。

第5章　最强品牌企业的经营战略

路易酩轩集团的整体经营优势

前文介绍过路易酩轩集团旗下的某品牌高层曾对媒体采访做出外交辞令一样的回复，事实上，路易酩轩集团旗下各品牌经营的自由度相当高。阿诺特作为公司的统帅虽拥有绝对的地位和权力，但他几乎不参与各个品牌的具体经营，这可以说是一种"君主当政，但不统治"的经营立场。

保持品牌形象是高端品牌营销最需重视的关键点，同时，产品质量和创新性也必须与品牌形象相吻合，只有这样，品牌才能获得到顾客的长久青睐。从这样的观点出发，路易酩轩集团保障旗下子公司品牌经营的高度独立性，这种独立性体现在市场营销战略制定和实施等方面，当然，各子公司也要为自身品牌的成长和利润产出负责。在这一点上，路易·威登公司理所当然和其他子公司完全相同。

另一方面，路易酩轩集团整体发展战略制定等相关事项则通过集团的各种委员会进行协调，这些委员会的成员由各子公司的高层管理者组成。

此外，集团内各子公司的重要人事、组织架构变更以及战略部署等事项则必须通过路易酩轩集团的批准方可实施。各子公司作为路易酩轩集团的成员，不仅在管理与财务方面，还包括销售和物流、人才配置、广告宣传等方面，都可以充分发挥集团整体的协同效应，因而产生更大的收益。

经营具有一百年甚至两百年历史的品牌并不是一件轻松的事情，或许阿诺特自己最清楚这一点，也正因为如此，迪奥品牌复兴之际，阿诺特从香奈儿邀请了职业经理人鲍基巴尔特加盟。更何况路易酩轩这样一个拥有50多个品牌的大规模集团，将公司的日常经营权限委托给职业经理人是理所当然的选择。但是，前文提到的四个大型品牌集团中，也有像古驰集团那样参与旗下品牌经营细节的公司，还有像普拉达集团那样偏爱中央集权式运营模式的公司。

阿诺特的经营风格是不插手旗下公司的管理细节，但着力于调整旗下公司高层管理人员的人事变动从而实现组织活化。有意思的是，路易酩轩集团旗下的品牌即使同属于一个集团，也会将其他品牌视为竞争对手展开竞争。另一方面，每次收购品牌时，路易酩轩集团都会精细计算收购标的在目标顾客层的差异。

因为路易酩轩集团每次收购品牌都会考虑与现有品牌有差异化的顾客层，因此，极少发生集团内部各品牌"手足相残"的情况。集团曾一度同时拥有高级手表品牌真力时、豪雅和玉宝，但其后玉宝品牌被出售，通过收购换入了宇舶表（Hublot），这是基于路易酩轩集团长期且整体的品牌配置设想做出的收购决策，宇舶表是一个设计风格时尚高雅并受顾客高度喜爱的高级运动手表品牌。

路易酩轩集团采用"资产组合管理"的经营战略，将具有持续稳健经营特征的葡萄酒、烈酒业务和具有风险挑战经营特征的时尚业务互补地组合在一起，以保持长期业绩稳定性和冲击性之间的整体平衡。并且，这种组合均衡的管理模式不仅应用于配置事业部门，而且也应用于配置不同的业务区域。

事实上，在遭遇亚洲金融危机、美国纽约"911恐怖事件"后，路易酩轩集团的业绩也一度出现回调，但之后却强势反弹。因此，在此次美国金融动荡引发的全球经济危机中，路易酩轩集团虽然不免一时受到影响，但在奢侈品品牌中一定会率先摆脱危机。

此外，大型企业集团具有规模效应的优势，例如，在销售环节，特别是开设店铺方面，集团内各部门协同推进可以获得更高的效率。虽说店铺选址等事项是由各个品牌独立进行的，但要争夺资源有限的黄金地段店铺，或者是百货商场中的最佳位置，这些都并非易事。集团旗下的各品牌在寻找黄金地段的店铺资源时就能

The secret of
Louis Vuitton

够相互协商并灵活调节，这些都是中小品牌不可能单独实现的优势。

在广告投放方面，路易酩轩集团设立在各个区域的分公司分别与当地媒体进行洽谈，集团再通过整体的广告价格谈判，从而享受大客户的优惠待遇，这与各品牌单独投放广告相比可以大幅降低广告费用。路易酩轩集团的广告宣传费每年约为1000亿日元，假如享受25%的折扣，仅这一项就可以节约250亿日元的费用。

还有很重要的一点是吸引人才。企业规模较小的品牌无法吸引人才，而大企业的规模本身就具有吸引人才的力量。企业通过将人才配置到更加合适的品牌或部门去，可以更有效地发挥人才的优势。在路易酩轩集团的官方网站上，集团内部的人员调配称为"内部流动"（Internal Mobility）。集团认为让员工在多个不同环境中担任不同职务并积累各种工作经验，这是企业培养人才最有效的手段。因此，当集团内部出现职务空缺时，在考虑从外部聘用人员前，首先必须要确定集团内部是否有适当的人才储备。正因为如此，路易酩轩集团的员工可以在集团内描绘自己的职业规划。

提升品牌力的"时尚化"

❧❧❧

　　路易酩轩集团的领导层，即以阿诺特为首的高层管理人员最重要的任务是决定集团发展的大方向。前文稍有提及，1990 年，阿诺特成为路易酩轩集团总裁后进行了短暂的内部体制调整，从 1993 年开始集团正式进入经营活跃期，在此期间，阿诺特采取了一系列新的经营策略，包括积极收购和兼并其他品牌、起用年轻设计师等，简而言之，就是实施了更加强劲有力的时尚化策略。

　　1995 年，集团让约翰·加利亚诺（John Galliano）接任纪梵希品牌的设计师；1996 年，又任命他为克里斯汀·迪奥品牌的设计师，并把纪梵希的设计交托给了亚历山大·麦昆（Alexander McQueen）。

　　约翰·加利亚诺和亚历山大·麦昆都是英国人，因此，媒体纷纷报道："当下最具才华的设计师是英国人"等等，一时之间成为人们广泛热议的话题。紧接着，从 1997 年到 1998 年，路易酩轩集团启用了大批年轻的设计师，为集团旗下品牌注入了来自于外部的新鲜血液。

　　1998 年春夏，路易·威登品牌起用了新锐设计师马克·雅各布斯（Marc Jacobs），并启动了高级成衣业务；1998—1999 年秋冬，罗威品牌聘用了纳西索·罗德里格斯（Narciso Rodriguez），而赛琳品牌在时尚周上发布了迈克·科尔斯（Michael Kors）的处女秀，这几位设计师都是美国人。

继英国人之后，这一次美国设计师异军突起，仿佛一夜之间欧洲的三大品牌全部时尚化，并且三大品牌都聘用了美国设计师。不用说，这次媒体又大肆报道："当下最具才华的设计师是美国人。"

当然，路易酩轩集团并不是为了媒体吸人眼球的新闻标题才特意选择英国人和美国人，但是，因为路易酩轩集团的经营决策不断给人们带来新鲜感和惊奇，才有媒体做专辑进行报道。这些报道成为品牌传播的广告，并引发更多的传播，在这个过程中，品牌逐渐变得更具活性化。

在路易酩轩集团连续不断的时尚化过程中，最具冲击力的是路易·威登品牌的时尚变化。在此之前，路易·威登一直稳健地恪守专业制造行李箱包的定位，以向顾客提供优质耐用的商品为经营原则，就是这样的路易·威登聘用了与它的一贯风格截然相反的30多岁的年轻设计师，真可谓一次极具挑战性的尝试。

最近，参与马克·雅各布斯公司经营的人士透露，路易酩轩集团的初衷是邀请马克·雅各布斯担任纪梵希品牌的设计师。但是，马克·雅各布斯原本是休闲系列产品的设计师，他认为自己与高贵优雅的纪梵希品牌风格不相吻合，因此拒绝了这个邀请。然而，雅各布斯主动询问能否加盟路易·威登品牌，大概是因为

路易·威登虽然是传统品牌，但将要展开的时尚化进程所产生的
新魅力吸引了他吧。

　　当时的路易·威登品牌可以说是完全进入稳健发展的阶段，
业务覆盖欧洲、美国、日本等地，无论何地路易·威登的业务都
非常稳定。但品牌一直固守行李箱包公司的专业定位，为此品牌
也付出了缺乏爆发力的代价。也正是因为这个原因，路易·威登
公司才毅然决然地起用马克·雅各布斯，踏上了时尚潮流化的道路。

　　然而，在最初的连续三季里，马克·雅各布斯的设计不断遭到
苛刻的评论，他本人也陷入了迷茫，非常苦恼。顾客期待从路易·威
登品牌感受到悠久的传统和有关旅行的故事，其象征就是 LV 的标
志，但是，马克·雅各布斯更擅长设计具有纽约都市化、功能性、
简约、现代、实用风格的作品，他把自己擅长的风格使用到路易·威
登品牌上，于是，新品发布就呈现了缺乏装饰感的产品系列。

　　在时尚界，品牌公司在时装发布失败后立即解雇设计师的情
况并不少见。但是，当时担任路易·威登品牌公司总裁的伊夫·卡
塞勒（Yves Carcelle）决定继续和马克·雅各布斯合作，并且允
诺三年的缓冲期，期待他的成功。对于路易·威登来讲，一次新
品发布的失败，根本不会动摇公司的根基。当然，这种大气磅礴
的做法背后是路易·威登对自身经营状况的自信，还有路易酩轩
集团充足的资金支持。

　　虽然新品发布本身失败了，但是根据雅各布斯的产品企划案

开发的彩色漆皮箱包"VERNIS"系列问世后迅速成为热卖商品，这之后又推出每季限量销售的新款商品。那个曾经给人深棕色朴素印象的路易·威登品牌瞬间摇身一变成为多姿多彩的潮流品牌。

在一般的高级成衣发布中，人们最关注的是当季新品的设计理念和主题等，然而，路易·威登的发布会上，人们不仅关注新品的主题，配合时装登场的箱包作品也成为大家关注的焦点。因此，路易·威登一边继续销售"字母组合图案"系列、"棋盘格"系列、"Taiga"系列等经典定型商品，一边推出马克·雅各布斯设计的引人注目的新款和限定商品，专卖店里的气氛也因此迅速活跃起来。

在本书第一部中说过，时装的销售业绩从绝对金额来看对路易·威登品牌并不十分重要，但时装却可以成为顾客改变对品牌印象的催化剂。这样一来，"字母组合图案"系列等定型商品又重新开始热销，形成了良性循环。

毋庸置疑，做出这种方向性转变决策的人正是担任集团总裁的阿诺特，决定各品牌公司的高层人事变动、设计师的更换以及品牌的发展方向等，正是以阿诺特为首的高层管理团队的工作内容。

时尚化对路易·威登这个以稳健著称的企业来说确实暗藏风险，在决定时尚化改革之初，集团管理层也曾预想到此举可能会遭到老顾客的抗议，而路易·威登之所以能够克服这些困难并取得巨大进步，在很大程度上要归功于阿诺特的决策。

LVMH集团的阿喀琉斯之踵——统帅阿诺特

有不少人认为拥有独特的商业模式和经营手法的路易酩轩集团，其各种令人叹为观止的经营战略和策略均出自绝代的企业家阿诺特之手。因此，人们不得不考虑如果阿诺特离开人世怎么办？从这个意义上看，伯纳德·阿诺特本身既是路易酩轩集团的最大优势，同时也可以说是它的最大软肋。对此，路易酩轩集团巴黎总公司的对外宣传负责人如是阐述："即使阿诺特发生意外事故，本公司已经确立了可以继承延续他的强有力的组织体制，并且也准备了特别的继承人计划，但是我们并不希望提及此事。"①

对于路易酩轩集团来说，与其谈论阿诺特的继任者是谁，其实更应该讨论这个继任者是否存在才对。路易酩轩集团是一家一边通过资金控股控制，一边施行宽松管理运营的品牌集团，因此，作为集团的最高领导，必须具备激发集团向心力的超凡魅力。在这个意义上，我觉得拥有法国商学院品牌管理专业背景，1977年出生的阿诺特的长子安东尼·阿诺特（Antoine Arnault）成为继承人的可能性很大。前面介绍的公司评论发表的时候，安东尼·阿诺特还是个学生，因此，当时的评论才说"不希望提及此事"。现在，

---

① 理查德德·米勒著《迈向"品牌帝国"扩张的伯纳德·阿诺特的胜算》，发表于《福布斯》杂志2001年3月号。

安东尼·阿诺特已经在路易酩轩集团工作，2008年，设在大阪阪急百货公司男士馆的路易·威登全球首家男士用品专卖店开业时，他还曾来到日本。

从路易酩轩集团相关人员的谈话综合来看，伯纳德·阿诺特的性格特点是"冷静的热情"。也有人说阿诺特是一个"指尖带着火光"的人（"火光"意指"火焰"或者"太阳表面的巨大火焰耀斑"，按照日本式的说法是灵魂上带着火焰的人物）。

虽说阿诺特极具热情，但外表和态度却非常平和，这一点他远超常人。比如说，他在收购古驰品牌时，在刚刚动用了数千亿日元一两个小时之后偶遇他人，竟然仍和往常一样淡定地打着招呼："嗨，某某先生，你好吗？"在他脸上完全看不到动用了数千亿日元后兴奋的表情。

来日本的时候也是如此，在两天左右的时间里，他百忙之中抽空、精力百倍地去考察百货商场的店铺等，而且总能清晰地记得每家店铺的细节。

此外，他决策迅速，根据有关人士的说法，阿诺特无论做什么都能够快速决断，不需要请示报告之类的流程，一通电话就可以做出决定。他的过人之处在于，无论是积极的决策还是消极的决定，都是一样的迅速。

例如，化妆品零售公司丝芙兰（Sephora）锣鼓喧天地登陆日本市场后又迅速撤出，从进入到决定退出仅仅两年时间，事后又花费一年时间收尾并完全撤出。丝芙兰在日本经营两年后决定撤出，再花费一年完全撤出，仅仅三年时间，这个品牌就在日本彻底销声匿迹。应该说，企业经营中决定撤出尤其困难。虽然丝芙兰作为商业项目没有成功，但伯纳德·阿诺特的决断速度令人叹服。很多日本企业退出市场的时候，总是心存侥幸地想看看情况再做出决定，然而在这个犹豫的过程中亏损就会加剧。丝芙兰撤退的决断速度之快也许正体现了阿诺特的经营风格。

此外，阿诺特经常代表个人和公司致力于社会公益活动而为人称道，其中包括参与巴黎罗雅庭园的修复工作，赞助塞尚、毕加索和梵高等画家的画展等活动。

和日本相关的社会公益活动主要是歌舞伎演出，阿诺特曾出资赞助歌舞伎剧团在巴黎举办公开演出。另外，阿诺特本人在决定路易·威登与村上隆合作之前就是村上隆的热情拥趸者，同时也是村上隆公仔作品（也称手办、人形等）的收藏家。在巴黎蒙田大道路易酩轩集团总部的入口处，放置着两座大型公仔作品，就像寺院山门两侧的仁王像，或者神社门口的狮子雕塑那样，摆设得左右对称。

最近，阿诺特还参与了机器人世界大赛，这里面包含着面向未来的品牌之意义吧。

阿诺特因参与各类文化活动获得了法国功劳骑士勋章，他还具有极高的钢琴造诣，甚至举办过慈善音乐会。这些文化活动将高级品牌和艺术联结在一起，在提升路易酩轩集团形象的同时，也使公司产品的质量提升得以保障。此外，在本书第一部中也提到过，阿诺特很早就参与到环境保护活动中。

阿诺特不仅重视并追求利润，还关注艺术等企业经营以外的活动，从长期来看，这些活动促进了路易酩轩集团和旗下品牌的发展，这种经营风格与伯纳德·阿诺特的个人品位关系极大。

"创意与激情"是阿诺特非常喜欢使用的词汇，也是他自传的标题，而且还是路易酩轩集团的企业理念。但是，曾经年轻的阿诺特也迎来了60岁生日，不可能永远保持热情和冷静。

阿诺特曾为旗下品牌完美地演绎了一次又一次设计师的换代，但他自己是否能够成功地实现集团总裁的新老换代，或许会是影响路易酩轩集团的"永恒与时尚"的最重要工作。

后记

　　在本书的最后，我想再谈一谈为什么日本人如此喜欢路易·威登这个品牌，支撑路易·威登取得最近30年跨越式发展的动力，无疑是远离法国的远东岛国——日本。

　　关于路易·威登在日本大受欢迎的原因，外界有着多种不同的说法，本书所涉及的那些独特创新的品牌战略当然是重要原因，除此之外，与路易·威登传达出的品牌形象也有很大的关系，例如传统、信赖、质量等，这些都是日本人非常喜欢的概念。

　　但是，我认为路易·威登在日本受到特别喜好的真正原因不仅如此，还因为路易·威登是日本人遇见的第一个奢侈品品牌。

　　在弥漫着正宗法国氛围的店铺中，由接受过规范培训的销售人员接待顾客，店铺里全部都是高品质的商品，正是在路易·威登提供的这种环境，使日本人第一次见识到了真正的奢侈品品牌的样子，而且，琳琅满目的商品大多以消费者可以承受的价格销售。在这种情况下，许多日本人认识到路易·威登是自己稍加努力就能够拥有的高级品牌，因此会有"总有一天我一定要拥有它"的想法。

就这样，路易·威登成为最早闯入日本人心目中的印象最深刻的品牌。在日本，一说到山自然是富士山，一提到品牌当然是路易·威登。即使是孩子也都知道日本最高的山峰是富士山，可是，如果问到第二高的山、第三高的山呢？几乎所有的人都回答不出来，这就是因为位居第一是如此的特别。所以，日本人非常喜爱路易·威登，这种喜爱超越时光的障碍，越过年龄的差异，使得日本人永远成为路易·威登的坚定拥趸者。

近年来，在经济飞速发展的亚洲其他地区，人们也开始大量购买日本人喜爱的路易·威登产品。对他们来说，拥有路易·威登是成功的标志，这一点和过去日本人会幻想"总有一天我一定要拥有它"如出一辙。

现阶段，很多人指出日本的经济在整体下滑，因此，我认为从品牌企业的角度来看，日本必须尽快采取一些应对措施，如果不未雨绸缪的话，说不定哪一天，像银座这种繁华地段甚至整个日本的奢侈品品牌店铺或许会消失得无影无踪。

如果发生这种变化，那当然是一种让人悲伤的场景。或许只有在这种情况下，我们才会蓦然明白，正是那些我们耳熟能详的雕刻着字母的品牌标志、那些美丽动人的店铺陈设、那些优雅高贵的店铺照明，等等，把日本的城市街道装点得如此绚丽多姿。也许有人会感慨地说："走在东京的银座和表参道上，街道两旁充斥着欧美品牌的店铺，让人无法分辨自己究竟身处哪个国家。"

但能够和如此密布品牌旗舰店的这些城市街道相媲美的，或许全世界也只有诸如巴黎的蒙田大道、米兰的蒙特拿破仑大街等屈指可数的几处而已。我在国外见过很多没有品牌专卖店街道的清冷城市，如果日本也变成这样，那将让人十分寂寞吧。

如果我们要吸引来自亚洲以及全世界的游客到日本观光旅游，那么，我们一定要有华丽并且充满魅力的城市。而且，为了今后日本在亚洲乃至世界上能生存发展下去，日本就必须成为多元文化的集散地。

我想无论我们身处哪个行业，都必须了解自身的魅力之处，并且将这种魅力发挥到极致，必须不断提高能够使我们在优胜劣汰的时代里生存下去的品牌力。为了再次让日本复兴，我们要做的事情还有很多。关于如何去做，我认为应该做到几乎所有人都能脱口而出"要说品牌当然是路易·威登"那样，在日本人最喜欢的路易·威登品牌身上有很多值得我们借鉴的地方。同时，我也认为思考这件事情与开拓日本未来息息相关。

最后，在此书出版之际，我要特别感谢作家上阪彻先生对我的帮助。其次，如本书"引言"中所述，本书的内容的大致分为两个部分，第一部出自《路易·威登的法则》（东洋经济新报社），第二部出自《品牌帝国的真面目：LVMH 酩悦·轩尼诗-路易·威登集团》（日本经济新闻社）。在此特别向《路易·威登的法则》一书的合著者大泉贤治先生表示感谢。本书中多处参照前田和昭先生撰写的采访和文章，谨致谢意。LVMH 酩悦轩尼诗·路易威登日本株式会社人事部长遗田重彦先生曾对我建议，如果要在外国长期研究奢侈品品牌应该选择埃塞克商学院（ESSEC），因此我决定在埃塞克商学院学习一年，在此对他表示衷心的感谢。还要感谢埃塞克商学院奢侈品课程主任西蒙·涅克（Simon Nyeck）教授对我讲述了很多有关路易·威登、香奈儿等品牌的极富洞见的分析和意见。在本书的最后，衷心感谢大家给予我的帮助和关心。

2009 年 11 月

长泽伸也于东京都西北